思想觀念的帶動者

文化現象的觀察者

本土經驗的整理者

生命故事的關懷者

心靈工坊 PsyGarden

HARMONY

迷惘與清明的纏綿糾葛，讓人渴盼
清靈的暮鼓晨鐘，心靈的虔誠祈禱，智慧的凝練經句
或是淡淡點撥，或是重重棒喝
內在靈性已然洗滌清澈，超越自我

Wisdom of the Peaceful Warrior:
A Companion to the Book That Changes Lives

寫在深夜加油站之後
蘇格拉底如是說

丹・米爾曼 Dan Millman／著
黃喻麟／譯

目錄

【作者序】

與台灣讀者小談本書

《聖經傳道書》第一章寫道：「日光之下並無新事。」孔子的《論語》，以及老子與莊子等道家的超然哲學皆已完整傳達先人智慧。希臘哲人蘇格拉底與柏拉圖，包括梭倫（Solon）與奧理略（Marcus Aurelius）在內等古羅馬聖哲，卡比爾（Kabir）、魯米（Rumi）與哈非茲（Hafiz）等伊斯蘭蘇菲教派，以及許多歷代聖賢也都曾闡明智慧之道。

時至今日，已鮮少有人研讀經典名著、博覽古籍，或從其他世代或文化的神祕語言中挖掘深藏不露的至寶真理。正因如此，每個新世代都需要新的聲音，以最能契合現代人的語言和情境，闡釋永恆不變的真理。

誠如古諺所云：「光只有一種，燈卻有數盞。」我只是現代生活荒原中的衆多聲音之一，盡我所能，傳達鼓勵的話語並提供一盞明燈。我能做的只是喚起大家已經知道但有時忘記的道理。

四分之一個世紀以前，我寫下《深夜加油站遇見蘇格拉底》，道出我在加州柏克萊的一間加油站兼汽車修理廠，邂逅一名值夜班的技工後所發生的故事。我爲這位完全不像師父的師父取了「蘇格拉底」的綽號。這本書揉合了現實與想像，提醒大家別忘了生命中更寬闊的境界與更高遠的許諾。

電影《深夜加油站遇見蘇格拉底》於二〇〇六年上演後，我心已決定：是應該以新的角度闡明第一本書內所有中心教誨的時候了。這項心意孕育了《寫在深夜加油站之後——蘇格拉底如是說》。我首先仔細回顧第一本書的內容，點出各個有關冥想、活在當下、面對恐懼、夢想和現實、知識與智慧及其他主題的教誨，接著以現在的觀點重新評註。如今，距離我第一次遇見這個被我稱爲蘇格拉底的人，已經過了四十多年。

我很榮幸能接觸台灣的讀者，希望這些有關和平勇士智慧的省思能讓各位耳目一新。我的文字不是「道」，只是「指月之指」。誠如瞬息萬變之道、無門之門、水之道一般，我鼓勵各位從千變萬化的自我生命經驗中吸取教訓。希望各位神遊象外，卻也腳踏實地，並以平和的心境與勇士的精神面對世間的挑戰。

祝各位一路豐收！

丹・米爾曼

二〇一〇年夏天

關於《深夜加油站遇見蘇格拉底》的故事

丹的人生，此時看來再完美也不過了。

他是個意氣風發的大學運動員，如願以償進了名校，在彈簧床項目中過關斬將，贏得了世界錦標。課業不是什麼難事，身邊還有可愛的女友，他覺得自己彷彿置身世界頂端。

但就在此時，沿途風景不知怎地漸漸變得扭曲：憂鬱莫名襲來，惡夢每晚降臨。夢中，死神向他逼近，能救他的只有一個頭髮花白的老人。丹總是一身冷汗地驚醒。

沒有人明白他的沮喪，丹開始失眠。

那一晚，失眠的丹晃進一個通宵營業的加油站，遇見一個不尋常的加油站工人。這老技工看來頂多六十歲，卻自稱九十六歲，在冷死人的半夜裡只穿著防風外套，說了一堆玄之又玄的瘋話，還跳上屋頂！這讓身爲世界級體操高手的丹瞠目結舌，不敢置信。

更令人難以置信的是，這老人和丹夢中的老人一模一樣。

這老技工一逕裝瘋賣傻，但他的話卻耐人尋味。

「我已經觀察你很多年了。」

「我叫什麼名字不重要，你的也不重要，重要的是名字和問題以外的東西。」

此外，老人也很知道丹的痛腳，一句又一句的尖銳質問簡直像挑釁，令丹勃然大怒，卻無言以對。

「我在做什麼，我一清二楚，問題是你知道自己在做什麼嗎？」

「你怎麼知道你不是一直都在沉睡？你怎麼知道你此時此刻不是在沉睡？」

更令人難以忍受的是，老人推翻了丹從小到大的成就和才智，好像丹是三歲小孩似的。

「你就像大多數人一樣，從小只學會自身之外的資訊。」

「你有呆子的智力，心靈則是一團漿糊。」

這狂妄又刻薄的老頭，眞的是丹在夢中見過的那個老人嗎？

「沒錯。」

丹被他吸引了。因爲，他打開了丹的心靈之門，在門內的天地中，夢境和現實合而爲一。

「我不介意收最後一個徒弟，而你顯然需要一位師父。」

丹離開加油站時，忍不住給老人取了個綽號——蘇格拉底。老人的話語似乎藏著神祕的智慧，讓丹聯想到那位古希臘哲人。

就這樣，丹開始接受蘇老的祕密訓練，學習探索自我、認識世界的清明洞見。不過修練之旅到處都是陷阱，走起來可不像丹從前的人生那樣一帆風順；他必須把自己從頭到腳打碎、從裡到外翻過來重新組裝一遍，才能畢業。而且蘇老還告訴他一個壞消息：

「過了某一點之後，就沒有人可以幫你了。我會引導你一陣子，不過就連我也得退後，留下你獨自一人。在大功告成以前，你將承受嚴厲的考驗……」

萬一沒通過考驗，也許連小命都保不住。而這趟旅程已經無法回頭……

（精彩故事全文，請見《深夜加油站遇見蘇格拉底》，心靈工坊出版）

獻給所有走過生命黑夜的人

對於一個受到啟迪的心靈，全世界熾烈燃燒，閃爍著光芒。

——愛默生（Ralph Waldo Emerson，美國思想家）

假設二〇〇六年春天發生了這樣的事：有一天我想起舊日時光，興致一來，駕車返回柏克萊。我獨自漫步於磁磚公園，發現恩師蘇格拉底從陰影處走出來，大吃一驚。他的模樣就跟當初離別時一樣，完全沒有變老。

又假如，他揚起手中的《深夜加油站遇見蘇格拉底》，說道：「丹，很多道理你說的都對，但是有些東西失焦了。坐下來，我好好跟你解釋你沒搞懂的幾個道理。」

就跟以前一樣，他沒說錯。畢竟我當時的感知程度，影響了我聽到的內容、記憶和理解。

距離第一次遇見蘇格拉底，已超過四十個年頭。一九六六年冬天，我倆在某個星光閃爍的深夜首次邂逅。一直過了十四年，到了一九八〇年，我才寫下《深夜加油站遇見蘇格拉底》，將我從他那裡學到的經驗和教誨付諸紙上。書中許多事件恰如我所描寫的，有些則否。不過，蘇格拉底的教誨是旣眞實，又永不過時。

《深夜加油站遇見蘇格拉底》書裡的智慧並不屬於我，甚至也不屬於蘇格拉底。書中的智慧，屬於你我所有。從古早以前，孔子的《論語》、柏拉圖和亞里斯多德的著作，以及耶穌、佛陀、穆罕默德、老子、莊子、希列（Hillel）等諸聖先賢的教誨，都已傳達相同的原則與思想。但很少人會讀遍所有古籍，這就是爲什麼每個新世代都需要新的聲音，以最能契合各個世代和文化的語言，提醒世人不要忘了先人的智慧。我，只不過是衆多聲音之一。

這些年來，許多讀者要求我說明、闡釋《深夜加油站遇見蘇格拉底》中提到的教誨。畢竟蘇格拉底某些言行舉止相當驚世駭俗，或是自相矛盾。例如，他對中庸之道嗤之以鼻；或是在我追問時，僅僅聳聳肩，回我一句令人費解的「這是門規」。

直到二〇〇六年，劇情片《深夜加油站遇見蘇格拉底》上映前，我才明白：

是該以新的角度闡明和平勇士之道的時候了。這項決定孕育了《寫在深夜加油站之後——蘇格拉底如是說》。這本書列出了《深夜加油站遇見蘇格拉底》的關鍵對話與事件，並深入解釋蘇老的教誨，加以詳細說明。

我希望各位讀者閱讀本書時，不妨將書中文字當成蘇格拉底親自撰寫的。因爲，弔詭的是，也許這些文字眞的出自他手。

丹・米爾曼
二〇〇六夏天

編按：本書中引用《深夜加油站遇見蘇格拉底》文字，由韓良憶所譯。

關於前言

過了這扇門，路途不斷向前延展，
它遙遙向前，
我必須跟隨，如果可以，
我將加緊步伐追趕，
直到它融入了匯集眾多小路和短徑的大路，
此後該往何處？我也不明白。
——托爾金（J. R. R. Tolkien，美國詩人）

現實檢驗之一

從一九六六年十二月開始，一連串非比尋常的事陸續在我的生命中發生，當時我正是柏克萊加州大學三年級的學生。一切始於某日的凌晨三點二十分，在一個通宵營業的加油站裡，我首次與蘇格拉底相遇。（《深夜加油站遇見蘇格拉底》11頁）

這些年來，我認眞向人解釋，《深夜加油站遇見蘇格拉底》的內容融合了現實與虛構、紀事與創作、自傳與想像。爲了避免混淆誤會，封底甚至加註此爲「心靈成長／小說」類書籍。

畢卡索曾說：「藝術是幫助我們看見眞理的謊言。」這句話引出了更大的問題：「什麼是眞理？什麼又是現實？」別人勸告我們相信自己的理智，但是我們所感知的一切，卻只反映了由信仰、聯想和詮釋篩選出來的個人主觀現實。

即使是最聰明的人，也可能誤將白紙黑字和電視影像認定爲現實／眞相。例如，有朋友告訴我，九一一那天，她在紐約曼哈頓公寓的陽台親眼目睹世貿大樓倒塌。但她不敢相信自己的眼睛，就跑回屋裡打開電視，看看是不是眞的。有些人相信，道行深厚的瑜伽修行者能同時在兩個地點出現，或一些偉大的聖人可以漂浮在空中。這些人未必親眼目睹這些事，而是因爲曾看過或聽過報導。也許這類現象的確發生過，但現象是否就因爲付諸文字而成爲「事實」呢？

客觀的現實面相，例如地心引力，無論我們是否相信，它都是眞實的。但在主觀意識範疇中，以及悠遊於性靈世界時，培養辨別能力、批判性思考與常識，則是明智的做法。因此，閱讀《深夜加油站遇見蘇格拉底》和其他心靈文學作品時，讀者可以享受故事情節、啓示和超凡警語，但是一定要以理性調合信仰，並且信任自己的親身體驗。

幻滅：開啟尋覓之旅

> 這段生命歷程為我帶來受之無愧的讚賞，卻沒有為我的內心帶來永恆的寧靜與滿足。（《深夜加油站遇見蘇格拉底》11頁）

這段關於虛無的描述促使我開始尋找靈魂，也是因爲這段話，讓我的故事吸引了數百萬名讀者。大部分人都懷著追求「更多」的渴望，雖然他們無法理解「更多」是什麼，也講不出個所以然來。十九世紀超越主義論者亨利・大衛・梭羅

（Henry David Thoreau）寫道：「有些人釣魚釣了一輩子，卻不明白，他們想要的其實不是魚。」

能夠一窺更寬廣的生命藍圖，追求超凡脫俗的平和心境與滿足感，以求釋然，這是宗教、靈修和內在修持的共通承諾。當年，美國拓荒者被一股強烈力量深深吸引，來到西部開墾。現在，這股強大的力量召喚他們到神祕的東方。

今天，千百萬名開發中國家的人民仍然過著掙扎求生的日子，生存就是他們的基本追求。印度聖雄甘地曾經提醒我們：「在飢民眼中，上帝就是麵包。」

而我們這些有幸生活於舒適環境，食物與居所相對較有保障的人，有時間、心思和精力為更高的理想而努力——追求成就、意義和自我實現。

我們在向外追尋的西方之道上打滾多年，追求成就、成功、物質上的富足、地位和財物（或是看著我們的父母追求這類報酬與安逸生活），現在漸漸注意到，這些外在利益並不能帶來平靜或幸福。

對外在成就產生幻滅感的人，會轉而追求較為內省的東方之道——超脫金錢、占有欲、地位和外在成就的道路。我們簡化生活、捨棄身外之物和象徵，往內心尋找答案。我們可能會冥想，探索許多深奧知識教導的內省之道。但是，這類專注內在的修行者在面對世俗責任，例如付房租、養家或找到穩定的工作時，往往窘迫艱難。

因此，和平勇士之道揉合西方與東方、外在與內在、肉體與心靈、左腦與右腦、理性與感性、理智與信仰、科學與神祕主義、現代科技與鄉土智慧，以及常規與超驗的長處。生命不是二選一的命題，而是一體兩面的集成。身爲和平勇士的我們，神遊象外，卻也腳踏實地。我們努力追求平和的心境與勇士的精神。

勇士之道或許無法保證永遠的平靜或滿足；其實永遠沒有保證，因爲情緒就像天氣一樣變化多端。勇士之道代表的是：實事求是、中庸均衡的生活方式。

我們應該如何生活？

我從未料想到，有朝一日我得學習如何生活——我必須遵守某些特定的戒律清規，掌握某種看待世界的方式，方能清醒地過著單純、快樂、不複雜的生活。（《深夜加油站遇見蘇格拉底》11頁）

所謂「中規中矩的心智」（一如電影《歡樂谷》與《楚門的世界》所呈現的），它的基礎是約定俗成的幻象。這些幻象的外表很有吸引力，但卻是一面美麗的面具，掩飾住梭羅所謂的「死寂中的絕望生活」。我們曾相信，只要在校成績好、擁有好工作、結婚以及生育平均一點五個小孩；只要所作所爲符合別人的期望，我們就能歡喜盼望週末、假期和退休生活，生活也就能圓滿美好。

在某種程度上，此類平凡的歡樂確實是美好生活的一部分。但如果我們渾渾噩噩過一生，成爲只服膺傳統觀念和主流媒體的附庸，那麼，這些歡樂完全稱不上是美好生活。

不論是和平勇士之道或是其他通往智慧的途徑，都建立在同一個命題之上：這世上有更高層次的處世方略，以及已通過時間考驗的身心靈平衡整合修練。

但是我們得掌握哪些戒律和態度，才能覺醒呢？是否需要透過隱密、深奧的修練，像僧侶那樣在洞穴內靜坐冥想、生起內在的拙火，或將亢達里尼能量（Kundalini）沿著脊椎推升才行？抑或這些修練就在眼前，就在此時、此地，存在於日常生活中？好比要學習接受自己的想法和情緒，而不是吃力地試圖矯正，而且不管你是否情願，一概表現出負責任、有建設性和友善的行爲？

此類日常修練正是我的教學核心。我們都是此時此地正在受訓中的和平勇士。

現實檢驗之二

> 本書乃根據我所經歷的這一切所寫成，但無可否認地，它同時也是一本小說。我稱之為蘇格拉底的這個人確實存在，但是他與這世界融為一體，因此有時很難區分哪些部分是他的親身事蹟與教誨，又有哪些是取材自其他教師和生活經驗的教訓。至於對話部分由我虛擬自撰，在時間順序這方面，偶爾也並未恪守實際狀況，此外我還添加了軼事和隱喻於其中，以便凸顯出蘇格拉底希望我代為傳達的那些教誨。（《深夜加油站遇見蘇格拉底》12頁）

蘇格拉底確有其人。我們初遇之時，他讓我想到古希臘哲人蘇格拉底，因此我稱他爲蘇格拉底。

從我們第一次見面到我出版第一本書，中間過了十多年。在這段期間，我四處遊歷，認識其他導師與大師，並在日常的修練中開拓了視野，心境愈發清明、成熟。因此，到最後我坐下來寫《深夜加油站遇見蘇格拉底》時，被我稱爲「蘇格拉底」的加油站智者成了諸多大師的代言人，他傳達的智慧集各派之大成。

現在回到故事的開端，我開車前往大學報到，準備展開新生活。從我不經意走入老德士古加油站、與命運不期而遇的那一刻起，生命出現了巨大轉折。

關於彩虹末端的加油站

你只需要一個機會。
——傑西・歐文斯（Jesse Owens，美國非裔運動員、民運領袖）

轉捩點

「新生活開始了。」我一面想，一面向爸媽揮手告別，駕著我那輛老歸老卻很可靠的「勇者」汽車啟程，褪色的白色車身內，塞滿了我為大學第一年所打包的各色物品。我覺得自己很堅強、獨立，已準備好接受所有未來的一切。（《深夜加油站遇見蘇格拉底》15頁）

生命在一個又一個的瞬間不斷開展，所以有些人認爲生命是持續向前穩定流動的。然而在我們的經驗中，生命似乎會出現轉折點，打開一扇門，引人走向前所未見的境地。駛向柏克萊、開啓大學生涯，感覺就像是生命轉彎的時刻。當時我站在世界的頂峰，滿心樂觀。體操隊友正在體育館等著我，未來的日子看來充滿新朋友和新契機。

我完全不知道，也沒有任何跡象顯示，將來會發生哪些事或遇見什麼人。接下來的一、兩年，排隊註册、上課、新的日常事務和體能訓練盤據了我的心思。然後夢魘開始了，最後將我帶到蘇老的老加油站。

現實檢驗之三

我走到路邊，停下來，脖子一陣刺痛，我能感覺到他正在注視我。我回頭看，頂多才過了十五秒的時間，他卻已經站在屋頂上，雙手交叉抱胸，仰望星空。我目瞪口呆，看了看仍靠在牆上的那把空椅子，再抬頭往上瞧，這是不可能的事！就算他替一輛由大老鼠駕駛的大南瓜車換輪胎，也不會比此情此景更令我瞠目結舌。（《深夜加油站遇見蘇格拉底》20頁）

誠如先前所言，《深夜加油站遇見蘇格拉底》是以我人生中發生的許多事件為基礎，再加上想像所寫成。

我並沒有親眼目睹蘇格拉底跳上加油站的屋頂。一如我在書中所述，當時蘇老坐在椅子上，接著一剎那間，他已站在屋頂上。在隨後篇幅中，蘇老觸碰我的頭，然後我看到他（或是我認為我看到他）彷彿慢動作般騰空跳起，躍上屋頂。但當時所見可能只是某種催眠的效果。我是不是看到了「我想看的事物」，或是「蘇老要我看的事物」？所有問題都潛藏於故事的寓意之中。

也許蘇格拉底並非擁有卓越的跳躍力，而是他跟巫醫學過改變他人時間意識的法術，因此雖然我覺得離開加油站只短短數秒，但實際上已過了好幾分鐘，蘇格拉底有充裕的時間上或下屋頂？

十四世紀聖方濟會修士奧坎的威廉（William of Occam）提出了「奧坎剃刀」定律——最簡單的理論往往是最好的解釋。所以我們應該可以同意，為了點出更深刻的故事涵義，我在書中加入各種奇幻元素和神蹟。一如書中所述，蘇格拉底創造不尋常的經驗，讓我保持興致；我也以相同的做法對待我的讀者。

吸引我接近蘇格拉底的原因不在於他能躍上屋頂，而是更深沉、更基本的力量。有一則家喻戶曉的故事說，流浪者遇見釋迦牟尼佛，他看出佛陀有一股特殊的氣質，便問：「你是勇士嗎？」佛陀搖頭。「你是魔術師嗎？」佛陀又否認。流浪者繼續追問：「好吧，那你是國王或智者嗎？」佛陀再次搖頭。流浪者不死心，再問：「到底是什麼原因讓你跟其他人不一樣？」

佛陀回答：「我是清醒的。」

一個作夢的人發現有人能在夢裡保持清醒，確實會感到吃驚。單憑這一點，就足以讓我這隻飛蛾受到蘇老的光芒吸引；光是這一點，就讓我的人生旅途為之一變。

全是笨蛋

「那麼，你以為我是個笨蛋囉？」我說，語調比原本打算的更帶有火藥味。

「我們全是笨蛋，」他回答，「只不過有些人知道，有些人不知道，你好像是後者。」（《深夜加油站遇見蘇格拉底》22頁）

在塔羅牌（以原型意象描寫人生旅途的經驗、演變和覺醒過程的神祕牌組）中，大祕儀（**major arcana**）的首張牌爲「愚者」。這張牌的圖樣是一個小丑（代表純眞的孩童）仰望太陽，一腳正要踏入懸崖（墜入人生的複雜糾葛）。

蘇格拉底所說的「笨蛋」指的就是「愚者」——天眞、無邪、被花花世界的光彩所矇蔽、滿腦子都是理想化觀念和未經試煉的信念，沉溺於自我欺騙之中。很少有人可以永遠是一張白紙，永遠保持純眞的天性，這似乎是人生必經過程。

我們都希望自己的孩子能逃過一劫，保有天眞、坦率、自然不做作的性格。但這場「愚者」的冒險之旅是人生必經過程——在這條路上，我們能增長智慧，爲最終的命運預作準備。

若人生缺乏啓蒙，我們依然會在自己建構的主觀現實中夢遊。不過「愚者」一詞似乎太過強烈，不應該隨便套用。不妨這麼說吧，每個人都有愚昧的時刻、聰明的時刻、殘酷的時刻、仁慈的時刻、狂亂的時刻和平靜的時刻。

蘇格拉底的意思絕對不是說我愚蠢粗鄙，他指的是我個人的形象，以及我自以爲「無所不能」的假象。他知道我必須丟臉、放空、與我的陰暗面及恐懼交鋒，才能敞開自我，接納更多。這個道理適用於所有人，誠如蘇老所言：「在成爲一個有靈性的人之前，必須先成爲一個成熟的人。」

沉睡、夢想和醒覺

「你怎麼知道你不是一直都在沉睡？你怎麼知道你此時此刻不是在睡覺？」他說，帶著熱切的眼神注視著我。（《深夜加油站遇見蘇格拉底》24頁）

學習「清醒夢」（在夢中保持清醒）的一個好方法是，白天時偶爾問自己：「我在作夢嗎？」大部分時間，你這麼問了之後，你會回答：「不，我沒有作夢。」等到你養成問這個問題的習慣之後，可能有一天發覺自己眞的在作夢。到那個時候，你雖人在夢中，腦子卻很清晰。這種狀況就是我所說的清醒。

達到這個清醒夢的狀態之後，你可以根據自己的意識創造夢境，不再只是被動接受：如果你願意，你可以飛翔，或是將野獸變成一朵雛菊。這個清醒夢的練習相當古老，西藏僧侶稱之爲「修習中陰法門」（working the bardo）——根據藏傳佛教的宇宙觀，探索每一輪迴之間，死後與再生前的如夢境地。

這是個對沉睡、夢和覺醒的隱喻，背後蘊藏著更深的意義。已覺醒的導師以此比喻人生：在夜晚沉睡、作夢，在白天清醒。而許多人在清醒時，渾噩度日，從一個經驗踉蹌跌撞到下一個經驗，迷失在信仰、漂浮的思緒及各種對現實的詮釋方法之間，這種清醒跟作夢沒兩樣。

在領悟事實的眞相（既無畫蛇添足、也無妄下定義的單純眞相）之前，我們晚上沉睡、白天夢遊，在自己建構的現實之中，如夢般虛度一生。

夢的大門

「是這樣的，蘇格拉底，我覺得我以前見過你。」

「沒錯。」他答稱，再次打開了我的心靈之門，在門內那片天地中，夢境和現實合而為一。我遲疑了一下。

「呃，蘇格拉底，我老在作一個夢，而你在那夢中。」我細細打量他，可是他臉上沒有透露蛛絲馬跡。

「我曾出現在很多人的夢中，你的也是。告訴我你作的夢。」（《深夜加油站

遇見蘇格拉底》26頁）

《深夜加油站遇見蘇格拉底》有很多篇幅是關於夢——靈魂的黑暗泉源，也是佛洛伊德所謂的「通往潛意識之王道」。我與蘇格拉底的會面，正是夢的世界（潛意識世界）與現實世界的橋樑。巫醫與靈修者能通過兩個世界間的橋樑；精神分裂症患者也可以。不過差別在於：巫醫與靈修者有意識地穿梭於兩個世界，並明白兩者差異；精神病患做不到這一點。

在《深夜加油站遇見蘇格拉底》小說與電影中，丹接收許多來自冥界的夢的信息。在那樣的實境中，蘇格拉底顯然來去自如，就像有巫術傳統的馬來西亞原住民西諾伊族（Senoi）。對西諾伊族而言，作夢與清醒一樣眞實，甚至更眞實。他們每天早上要求小孩敘述夢境，聽完之後的反應幾乎都是：「這是好夢！」

大部分的人都有過「跟某人似曾相識」，甚至夢的內容出現在現實生活中的經驗。很多人不記得或極少留意夢的內容，有些人甚至認爲人完全不作夢。但每個人都有豐富的夢生活，只要願意在黑暗中醒來，快速記下重點，就能進入這樣的生活。有時候，夢的信息含有內在或象徵性意義，而有時候，夢所傳達的唯一信息就是你睡前吃了太多披薩。

無論如何，我跟蘇格拉底相處時得到的經驗，讓我對夢與潛意識的國度有了更深的認識。他在兩個世界過得踏實，而我尚未在任何一個世界清醒。

最佳典範

> 有些人心情亢奮，在我們服務時縱聲大笑，車內收音機開得響亮，蘇格拉底也跟隨著他們一起笑。有一、兩位顧客看來愁眉苦臉，一副特別不開心的樣子，可是蘇格拉底仍舊客氣有禮——對所有顧客一視同仁，將每位都待之為上賓。（《深夜加油站遇見蘇格拉底》27頁）

作家詹姆斯・鮑德溫（James Baldwin）曾寫道：「孩子從來不會好好聆聽父母的教誨，但他們從來不會停止模仿父母。」同樣的道理也適用於成人。隨著時間過去，我觀察蘇格拉底的飲食、動作和呼吸法。他簡單的待人之道教了我很多道理，比他說的話更受用。無論老少，他都像接待貴賓似的，以恭敬有禮的態度一視同仁。

當然也有例外，就像我在書中敘述的，蘇老也有離經叛道的一面。但即使在行徑古怪之時，他也一定是有意識地刻意爲之。這是他爲了我和其他人所採取的矛盾教學法之一。

如果我們能夠記得所有遇過的人——無論在什麼時候、他們的性格有多惱人——都有這一面，我們的人生將會有什麼不同的面貌和體悟？他們也許能激勵像我們這樣追求光明的人。

蘇格拉底的身教，使我想起偉大的人道主義者兼醫師——史懷哲，他曾經說過：「典範不是影響他人的主要力量，而是唯一的力量。」

實用智慧：拜師學道

「我仍舊想知道我們能為彼此做些什麼。」

「只有一件事：我不介意收最後一個徒弟，而你顯然需要一位師父。」

「我已經有夠多老師了。」我衝口而出。

他頓了一下，深吸一口氣。「你是否有位名符其實的師父，取決於你想學些什麼。」（《深夜加油站遇見蘇格拉底》28頁）

蘇格拉底並不反對智識。他對擁有文憑的人自有一番敬意，但不會崇拜文憑。他了解學位帶來的優勢和限制。針對這一點，及幾乎其他所有事，他曾經引述一段妙語：「所謂專家，就是對範圍越小的東西知道得越多，直到了解啥都沒有的一切為止。」

高等學位通常需要多年的學業才能取得。這表示你必須通過腦力挑戰，通過嚴格的資格考驗，才能躋身知識界。學業確實是值得讓人尊敬的成就，但是蘇格拉底點出了概念式知識與實用智慧之間的差異。

蘇老跟我說了一個故事：年輕印度學者付錢僱船夫帶他渡過湍急的深水河流，兩人在河上聊了起來。學者一邊擔心地看著洶湧河水，一邊向卑微的船夫聊起自己的研究和學術成就。船夫問他：「你唸這麼多年書，有沒有學過游泳？」年輕學者回答：「沒有。」船夫說：「那糟了，因為這艘船快沉了。」

如果你準備鍛鍊身體，參加馬拉松，這表示你需要某種訓練；如果目標較小，例如希望爬完樓梯不再氣喘吁吁，就不需要太嚴格的訓練。同樣地，你需要什麼樣的老師，取決於你想學什麼。重點是找到一個曾經走過眼前的路，登上你心目中的大山的導師。當你找到似乎符合需求的老師時，請仔細用耳朵聽，但更認真用眼睛看——因爲身教總是比言教重要。

日常生活即為神聖的學習殿堂

「丹，存在於那兒的這個世界，」他說，手一揮，從地平線這頭掃向另一頭，「是個學校。生活是唯一的、真正的老師，它提供許多的經驗。如果光憑經驗就可以帶來智慧和滿足，那麼所有的老人都會是既快樂又能渡人解惑的大師，偏偏經驗中得來的教訓總是隱晦不明。我可以教你學會如何根據經驗來清楚認知這個世界。」（《深夜加油站遇見蘇格拉底》28頁）

我和蘇格拉底一樣，將這個星球視爲神聖的學習殿堂，日常生活就是教室。在人生路途上遇到的種種挑戰——人際關係、公務關係、健康、財務和事業方面的挑戰，以及自己行爲的後果，肯定能教我們進步所需的一切智慧。日常生活提供性靈上的舉重訓練，在我們一步步登上山路時，鍛鍊我們的心靈。

換句話說，人生路途本身就能創造勇士。我們每天上課，課題不斷重複，直到學會爲止。而且如果我們學不會簡單的課題，課題就會越來越難。有句名言這樣說：「經驗是最好的老師，但是她收的學費可能很昂貴。」

每個靈魂必須走過光明與黑暗。老師和嚮導只能照亮前路，提供地圖，點醒我們心靈深處已知但容易遺忘的一切。我們遺忘，然後想起，再次遺忘；我們跌跌撞撞、倒下，然後再爬起，繼續走下去，往前走兩步，往後退一步。這也是一條路。

經驗與智慧

「你尚未將知識轉化為智慧。」（《深夜加油站遇見蘇格拉底》29頁）

當時我執著於概念心，一心只想和蘇格拉底爭辯，一邊問蘇老所謂的知識與智慧的差別是什麼意思，一邊隨便揮著蘇老遞給我的擋風玻璃清潔器。他說：「你知道如何清理擋風玻璃；智慧就是動手清理。」

我們可以知道的事情太多了，包括向其他人、從書本、從報紙和網路蒐集事實、資料和複雜的資訊。但是智慧源自生活經驗。當我們努力克服劣根性，順著宇宙法則（或蘇老所稱的「門規」）生活時，智慧沾上了汗水的味道。

身體智慧

「你打算怎麼做，用你的事實加滿我嗎？」我劈頭就問。

「重點不在於事實，而在於身體智慧。」

「『身體智慧』是什麼東西？」

「所有你需要知道的一切，都在你的身體裡面；宇宙的奧祕就銘刻在你的身體細胞當中。可是，你還沒學會怎麼去讀取身體的智慧，所以你只能閱讀書本，聽從專家的意見，並祈禱他們說的正確無誤。」（《深夜加油站遇見蘇格拉底》30頁）

日本劍道大師弟子丸泰仙（Taisen Deshimaru）曾說：「學習以全身思考。」他建議的是一種不同於世間的存在、行動與生活之道。也就是當下憑本能與直覺作決定，不僅僅仰賴大腦權衡輕重，想出辦法。

蘇格拉底和弟子丸大師一樣，他了解身體與生俱來的（及瞬間的）智慧。他經過訓練，逐漸相信身體知道該吃什麼食物、該如何運動，以及如何以清心回應每個時刻，不帶任何期待或評判。有一位蘇格拉底的導師（在《蘇格拉底之旅》〔*The Journey of Socrates*〕書中提及）曾說：「心無期待，唯需萬全準備。」

了解與領悟

「了解是智力單一面向的理解，它帶來知識；領悟則是頭腦、心靈和本能三個面向同時都能理解。只有直接的經驗才能讓人有所領悟。」（《深夜加油站遇見蘇格拉底》30頁）

有句名言這麼說：「我聽了就忘；我看到就記得；我動手做就了解。」在這句話中，「了解」指的是「領悟」，因爲實作會導向領悟。研究登山的原理是取得概念性知識；眞的爬山是體驗直接的領悟。

我們都能理解「一切都是一場夢」和「我們並非眞的了解任何一個東西」等格言。聽完後，我們可能只注意到表面意義，然後說：「這個我早就知道了。」或者「我同意」或「我不同意」。我們不在乎這些格言，只當作陳腔濫調，因爲聽過類似的話太多次了。

但當這些概念眞正深入內心時，它們就從平凡無奇的簡單話語，轉化爲宇宙眞理——我們領悟到一切都是夢，或確實領悟到我們眞的不了解任何東西。猛然覺悟而改變人生的當下，會產生令人狂喜的解放感——從死亡、變化和苦難中解脫，我們可能會忍不住大笑。就是這種興奮感，讓希臘數學家阿基米德發現科學原理時一陣歡呼，直接跳出浴缸，赤身裸體跑到大街上高喊：「我找到了！」

萬物不變，但眼中所見全然改變——在領悟的那一刻。

無知、謎題和恩典

「你在哪裡？」他輕聲再問一遍。

「我在這裡。」

「這裡是哪裡？」

「在這個辦公室裡，在這間加油站裡！」我被這遊戲弄得越來越沒有耐性。

「這個加油站在哪裡？」

「在柏克萊？」

「柏克萊在哪裡？」

「在加州？」

「加州在哪裡？」

「在美國？」

「美國在哪裡？」

「在一大塊陸地上，在西半球一個大陸上，蘇格拉底，我……」

「這些大陸在哪裡？」

我嘆了一口氣，「在地球上，可以到此為止嗎？」

「地球在哪裡？」

「在太陽系當中，是從太陽數來的第三個行星，太陽是銀河系中的一顆小星星，這樣夠了吧？」

「銀河在哪裡？」……

「那麼，」蘇格拉底微微一笑，「宇宙在哪裡呢？」……

「我不知道——我怎麼可能回答得出來？」

「這就是重點。你無法回答，而且永遠也答不出來。沒有人知道答案。你不知道宇宙在哪裡，因此也不知道你在哪裡。事實上，沒有一件東西你知道它在哪裡，它到底是什麼，你也不知道它是怎麼成形的。生命就是個謎。」

「我的無知是建立在這個了解上，而你的了解則建立在無知上。所以，我是個幽默的笨蛋，而你是個嚴肅的傻瓜。」（《深夜加油站遇見蘇格拉底》32頁）

古希臘哲學家蘇格拉底自稱爲「最無知的人」。自從與我的蘇老相處之後，我也可以說同樣的話：我沒有特定或終極的知識——一點也沒有，一滴也沒有。

我擁有的所有「事實」都像紙牌搭的房子，在神奇的世界上取得平衡。

我們可以累積一大屋子的事實、理論和可供驗證的結論，但在這一切知識底下，我們仍是凝視著無窮境界的孩童。新聞記者兼永遠毒舌的評論家孟肯（H. L. Mencken）寫道：「我們身在此地，活在此刻。除此之外，所有的人類知識都是胡言亂語。」絕不會有人將孟肯視爲心靈導師，但他這段話，正好點出生命核心之謎。

知與行

「丹，我要帶你看些地方，對你講些故事，我有祕密要向你揭露。不過，在我們共同踏上旅程前，你必須明白，祕密的價值不在於你所知道的事，而在於你所做的事。」

蘇格拉底從抽屜裡取出一本舊辭典，舉在半空中。「盡量使用你擁有的任何知識，可是要看出它們的限制。光有知識還不夠，知識沒有心。再多知識也不能滋養或支撐你的心靈，它永遠也無法帶給你終極的幸福或平靜。生命所需要的不僅是知識，還得有熱烈的感情和源源不絕的能量。生命必須採取正確的行動，才能讓知識活過來。」（《深夜加油站遇見蘇格拉底》36頁）

耳熟能詳的古老名言這麼說：「重要的不是你知道什麼，而是你做了什麼。」和「人生是一段旅程，不是目的地。」以及「師父領進門，修行在個人」。但就像我先前所說，知道一個道理與確實執行並不相同。

我們都知道均衡飲食、規律運動和充分休息的益處，這些都不是藏在深奧經典或鎖在寺院藏經閣的祕密。這些良心建議都可以從報紙和流行雜誌裡讀到，但除非我們採取行動，否則永遠無法充分體會這些建議的眞意。當然了，不動（無作爲的行爲）有時候是適當的應對方式。無論如何，和平勇士決不未經思考就貿然行動，或者只有空想而不行動。

蘇格拉底還能告訴你什麼關於將知識轉化爲行動的祕密？他可能會放下扳手，擦乾雙手，然後說：「從大處著想，小處著手，然後一點一滴串連起來。」

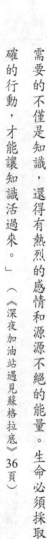

行動之道

他坐在地板上，轉頭看我，作最後的說明。「丹，你的感受和反應都是機械性、可以預測的，我的卻不是。我自然而然、隨興創造我的生活，你的生活卻取決於你的思考、你的情緒和你的過去。」（《深夜加油站遇見蘇格拉底》37頁）

蘇格拉底一再提到：「這是行動之道。」我一直以爲他的意思是要我主動、堅強、有活力和直接了當——不躊躇、不游移，行動要果決。大部分讀者對此也有相同看法。

但是蘇格拉底實際上指的是進入現實的法門，只是他說的方法與傳統觀念迥然不同，因此直到三十年後，我才完全掌握他的意思：情緒、想法、信念和記憶都會形成我們的本性，使我們出現特定的行爲模式。比方說，感到悲傷、生氣、害怕，或只是覺得自己很糟時，我們的行爲「傾向於」異於感覺快樂及自信的時候。大部分人都過著肥皂劇般的生活——淪爲本性的奴隸，希望有正確的情緒或想法「允許」自己表現不同的行爲，唯恐錯誤的情緒或想法阻礙自己達成目標。

有好多年，我將自己的行爲歸因於情緒與過去。蘇格拉底逼迫我不再爲自己找藉口，他堅持我重拾力量，不管我怎麼感覺怎麼想，都必須以勇氣與慈悲來應對進退。

這就是爲什麼蘇格拉底注重身體、行動和行爲。想法和情緒，無論正面或負面，在他身體裡流動，而沒有明顯的抵抗或依附。他的行動不再受想法和情緒驅策。他舉止自若，以更高層次的意志爲依歸。

爲了證明他不受內在、主觀世界與潛在本性的左右，蘇格拉底向我展現了新的處世之道——行動之道、和平勇士之道。

期待已久的相遇

「你憑什麼就這樣斷定我的一切、我的過去？」

「因為，我已經觀察你好幾年了。」（《深夜加油站遇見蘇格拉底》37頁）

蘇老說他已經觀察我很久。套句邱吉爾的名言，蘇老的回答就像是「謎語中的謎語，祕密中的祕密」。他隨口說出這句話，彷彿這話一聽就懂似的。他並沒有解釋他的意思，我也無法向讀者說明清楚——至少事隔二十五年之後，在我撰寫《蘇格拉底之旅》時，我還是無法解釋這句話。

我仿效蘇格拉底一貫的做法，給讀者一點提示，而不把話說明：我只告訴你，蘇老知道有我這個人，並從我出生開始，直到我搬到柏克萊上大學爲止，他一直追蹤我的一舉一動。在我抵達柏克萊不久後，他便買下那座老加油站。雖然他沒見過我母親，但他確實認識我的外婆——雖然熟識的程度不如他所願，但已經夠熟了。

從某種意義上來說，我們首次於加油站的邂逅既是機緣巧合，也是命運安排。我主動走進加油站，而蘇老已耐心等我多年。

信任了解你內心的人

這時我領悟到蘇格拉底所指的瘋狂世界，並不是他的世界，而是我的。

我起身，準備離開。「蘇格拉底，你叫我要傾聽我自己的身體本能，不要依賴我所讀到或別人告訴我的東西。那麼，我又為什麼要乖乖坐在這兒，聽你講話呢？」

「這問題問得好，」他回答，「我也有同樣好的答案。首先，我對你講的東西，全出自我自己的體驗，一點也沒有引用從書本上看來或從專家那裡間接聽來的抽象理論。我這個人確確實實了解自己的身心，因此也了解別人的身心。況且，」他淺淺一笑，「說不定我正是你自己的身體本能，這會兒正在對你說話。」（《深夜加油站遇見蘇格拉底》40頁）

這段對話提出了關於信任的重要問題。蘇格拉底並非東方宗師，他不要求我一進門時必須完全臣服。蘇格拉底是我的導師——他是有智慧的長者，提供我挑戰和忠告。

蘇老承認信任最好是慢慢贏得，而非要求弟子盲目信仰或證明自己的虔誠。他曾告訴我：「我在這裡不是要讓你信任我；我在這裡是要幫助你信任你自己。」我的目標和他一樣——我不是來展現我的方法，而是來幫助你找到自己的方法。

眞正的老師欣然接受不同的意見和疑問。畢竟，倘若我們對每件事情的看法都一致，這樣只要一個人就夠了。

蘇老這番話意味著他以某種方式透視了我，為我的本能代言，對我說話。這也顯示他有看破表相的特異功能。即使在我注意自己的意識心（我以為我想要的）時，蘇老也能切入，並表達出我心中最深的渴望與需求。

後來我才知道，蘇老多年以前曾受教於一位名叫奇婭（Chia）的女子，學會這個本領。後來我在夏威夷雨林也遇到過她（我在系列叢書第二集的《和平勇士的神聖之旅》〔*Sacred Journey of the Peaceful Warrior*〕中有描述）。

蘇格拉底師承的武功門派

「忍者可以穿著沉重的甲冑游泳，可以只靠著用手指和腳趾攀附著小裂縫，像蜥蜴一樣爬上筆直的牆壁。他們設計富有想像力的攀登繩，是黑的，幾乎看不見，並且採用巧妙的手法來躲藏，比方聲東擊西、製造幻象和脫逃。忍者啊，」他最後補充說，「是了不起的跳躍者。」（《深夜加油站遇見蘇格拉底》43頁）

讀過《深夜加油站遇見蘇格拉底》的人一定記得，我要求蘇格拉底解釋他如何站上屋頂時，他所講的這段故事——日本的年輕忍者每天練習跳過玉米莖桿，而他是用加油站來練習。

由於蘇老引用忍者的故事，因此很多讀者猜他修練忍術工夫，甚至以為蘇格拉底是亞洲人。其實不是。我在《蘇格拉底之旅》中詳細說明蘇格拉底來自俄羅斯，而他拿手的傳統武術正是當代所稱的俄羅斯格鬥武術（systema）。

有些西方人假定心靈智慧只起源於日本、中國或印度。這些文化與其他文化，例如伊斯蘭教蘇菲派（Sufi）、非洲Sangoma巫醫，以及夏威夷Kahuna巫師等，都有悠久的神祕傳統。但是蘇老的智慧源於河流與樹木，雲朵與更迭的四季；他傳達了大地的智慧，而這樣的智慧俯拾皆是，歸全人類所有。

此外，一如我先前所述，蘇格拉底突然出現在屋頂上，並非刻意展現忍者工夫，只為了博取我的注意力，讓我待久一些好學會某些道理。同樣地，跳上屋頂這個情節也不是我用來引起讀者興趣的寫作手段。

負起責任

「當你為你的生活完全負起責任時，便可以成為一個完整的人。你一旦變成完整的人，就會發現到成為勇士是什麼意思。」（《深夜加油站遇見蘇格拉底》46、47頁）

蘇格拉底說了很多關於負責的話。所謂負責，並非對想法或感覺負責任，而是對自己的行爲負責。他深切明白人們對自己的行爲，從頭到尾有哪些控制權。出生地、父母親和外界的事件不受我們控制；飛掠意識領域的感覺和想法也不受我們控制。偶爾，我們能擺脫惡劣心情，或將注意力從不愉快的念頭上移開，直到不愉快消失爲止。不過在我認識的人裡，沒有人可以持續改變心情，或過濾掉所有負面想法。

重點是，除非身心有殘疾，否則我們有能力控制身體的動作和所說的話，並且必須對自己的言行舉止負責。一旦對所言所行負起責任（無論心裡怎麼想、怎麼感覺），我們即進入了個人發展的全新階段。

有些人相信，童年艱困、缺乏正面楷模，或無法與母親建立親密關係的人，在青少年階段或成年後可能有負面行爲。這些因素是會造成心理障礙，但許多境遇相同的人仍能以積極、正面的態度回應生命的挑戰。

因此我們可以整理出以下心得：除非是嚴重妄想或心理疾病患者，否則無論經歷過什麼，你都能根據環境和情勢，選擇最佳的行動方式。但是，重掌選擇的權力，需要決心和毅力。這就是爲什麼「變成完整的人」——克服原始本性——是我們最大的挑戰。蘇老曾說：「在你成爲完整的人之後，其餘境界就如搭乘電梯般輕鬆可達。」在此期間的每一天，都爲我們帶來發展平靜心靈與勇士精神的契機。

〔關於第一部〕

風的改變

我們正在改變——我們必須改變——
我們不得不改變，就像時序入秋，
葉子不得不變黃，然後凋落。
——D. H. 勞倫斯（D. H. Lawrance，英國作家）

關於第一章

魔法乍現

不要變魔術；要有魔法。

——李歐納・科恩（Leonard Cohen，加拿大音樂家、詩人）

巫醫的現實觀

「對，就是風，風正在改變，這表示你面臨著轉捩點——就是現在。你或許還沒有領悟到，老實說，我也沒有——不過，今晚對你來講的確是關鍵時刻。你離開，但是又回來了，而這會兒風正在改變。」他瞧著我半晌，然後大步走回屋裡。（《深夜加油站遇見蘇格拉底》51頁）

從嚴厲的監工到幽默的怪人，蘇格拉底如變色龍般，扮演多重角色。他尤其擅長扮演巫醫。薩滿巫醫悠遊於幽黯之地，他是潛意識深處的旅人。巫醫能領略自然界呢喃細語所傳達的信息，並將寓意解譯給其他人。蘇格拉底具備巫醫的能力，因此他能解讀大自然的徵兆和跡象。正在改變方向的風告訴他，我的人生即將出現變化。

有人說這純粹是迷信，是操弄心靈的手段，退化到原始文化。但我相信，現代人早已與觸動人體細胞的原始節奏絕緣，而古人可能爲現代人保留了珍貴的思考觀點。

所有的幼童都是巫醫，但他們在自己無法理解的夢境中漫遊。相較之下，有直覺能力的人經過訓練後，可以運用星座、塔羅牌、北歐符文等占卜工具或其他器具，在意識狀態下，聚焦在自己的預知心像，就像巫醫以自然世界作爲預言。大自然向巫醫悄悄傾訴祕密，而其他人卻只聽到風的聲音。

接受改變的事實

「別害怕。」他又說一遍。「用孔子說的一句話來安慰你自己，」他含笑

道，「『唯上智與下愚不移。』」說完，他伸出雙手，輕輕但堅定地放在我兩邊太陽穴上。（《深夜加油站遇見蘇格拉底》52頁）

蘇格拉底引述孔子名言，點出愚者若石、智者若水的道理。頑石不變不動，只能隨著時光消逝而崩解或磨損。但是，水完美如初，因爲水能完全順著容器的形狀調整，即使冰塊化成液態的水，再變成水汽，水的本質仍在。

有智慧的人即使身歷巨變浪潮，仍然保持平穩的步伐。在滾滾河水中，他們毫不使力，順流而下。他們就像強烈颱風中平靜的颱風眼。

對生活不滿意時，我們常期待環境或身邊的人事能夠改變，但在生活過得不錯的時候（有時也不見得好），就又因爲對未知的恐懼而不願改變。我們也抗拒歲月帶來的變化（更別提從容、優雅地老去；我們根本不想變老！）但改變是人生的門規之一。

不論如何想望，不管用盡千方百計、付出多少力氣，「變」仍是世間唯一不變的道理。路易斯・卡洛爾（Lewis Carroll）在《愛麗絲夢遊仙境》中寫下這段對話：

毛蟲問：「你是誰？」

愛麗絲害羞地回答：「我，我現在搞不清楚了。今天早上起床時，我知道我是誰，但是我從那時候開始已經變了好幾次。」

到頭來，我們會了解改變是無可避免的，也會學到靈活應變和接受事實的智慧，因爲沒有什麼事物能始終如一。如果一味抗拒，只會造成壓力、痛苦和折磨。

然而，痛苦促使我們學習。我們都經歷過肉體、情感和心理上的痛苦。很多時候，挫折讓我們變得更堅強、更有智慧，也更有同理心。存在主義作家卡謬寫道：「時值隆冬，我發現心中還有堅不可摧的夏天。」在面臨破產、離婚、疾病、傷害、至親死亡等艱難時刻，我們的靈魂有了最大的跨越。人生中的這些挑戰鍛鍊我們的性格、修養我們的精神，使人生獲得更多學習，邁向至善境界。

敞開認知大門

「這樣說吧，我處理了一下你的能量，打開了幾條新的脈絡。那些煙火不過是你的頭腦因為受到能量的洗禮所感受到的欣喜。結論是，你這一生已經對知識的幻象免疫了。從今以後，一般的知識恐怕再也不能滿足你。」……

第二天，我的課滿堂，教授們喋喋不休，那些話在我聽來卻毫無意義，半點啟發性也沒有。在歷史一〇一課堂上，華生教授大談邱吉爾的政治直覺是如何影響戰爭，我不再記筆記，忙著吸收教室裡的色彩和質地，感覺周遭眾人的能量。教授的聲音遠比透過聲音所傳達的觀念有意思。（《深夜加油站遇見蘇格拉底》53頁）

《深夜加油站遇見蘇格拉底》書中的這段插曲及電影中相似的場景，描述蘇格拉底為我灌輸某種能量，提升了我的悟性，並且打通脈路，激發了幻覺。蘇格拉底是否得到我的默許這麼做？他是否應該事先徵詢我的同意？他怎麼可以擅自決定什麼最有利於我的進化？他這樣做是逾越了分寸、干擾我的發展，抑或促進了我的發展？

這段故事發生時，蘇格拉底和我已經發展出師生關係。心理治療師可能會運用催眠或其他方法，蘇老也這麼做。只不過他的壓箱法寶比較特別，他是以他受過的訓練爲本，這我已在《蘇格拉底之旅》書中描述過了。

我藉由《深夜加油站遇見蘇格拉底》的這段插曲區分各種不同的知識——學術概念，以及基於直接經驗的實用智慧。科學和理性反映了左腦；神祕主義則歸右腦管轄。和平勇士不必二選一，而是整合兩者。

蘇格拉底幫助我清除腦中抽象的學術概念，讓我跟現實世界之間發展出更直接的關係。在此之前，我都是隔著一層想法及回收利用別人的感想，來看待世界。蘇格拉底幫我按下重新整理的按鈕，清空腦袋裡的快取區。我的世界再次活躍起來；扭曲而黑白的人生重新定了焦，變成彩色。

超越世俗共識

「嘿，」她說，「華生講課很精彩吧？我好愛聽有關邱吉爾的事蹟，很有意思，不是嗎？」

「呃，對——很精彩。」（《深夜加油站遇見蘇格拉底》54頁）

在蘇西和我的這段簡短對話中，蘇西代表了讓大部分人安逸自在的、約定俗成的常見傳統現實觀——由美食、性愛和娛樂所帶來的慰藉與歡樂。我們平常生活充滿著新聞、天氣預報和體育活動，而這些消遣則讓心靈忙不停。有一個聲音呼喚我，引誘我做一個平凡的小老百姓，隨波逐流。我感覺到心中一股熟悉的渴望，催促我重新擁抱約定俗成的社會觀念——退回沉睡狀態，別再傻傻地追尋更多。

但是與蘇格拉底相處之後，我發現，就算我心裡多麼想走回頭路，我已經回不去了。即使我呆呆地同意蘇西所說的講課「很精采」，我明白自己並不當眞——不再相信。當然了，上大學或修習知性的歷史、哲學或任何人類知識的講課並無不妥。只是經過這場際遇，單純的資訊對我而言，顯得枯燥、無味、沒有深度。我領悟到「高等教育」的眞義，因爲我從一個令人跌破眼鏡的地方——一個恰巧清醒的老加油站工人身上找到高等教育。因此，由於蘇老的介入，我感覺傳統世界與超凡世界之間的鴻溝日形擴大。

黎明前的黑暗

「你不是應該要幫我改善我的生活嗎?我本來還以為這是為人師者的職責所在呢。」(《深夜加油站遇見蘇格拉底》55頁)

我向蘇格拉底提出的問題隱含著這個念頭:我期待通過他的嚴酷考驗之後,我的努力可以得到回報。一切應該有所改善,但我似乎過得更糟了。這種事態在好轉之前反而變得更惡化的現象很常見,甚至是必經過程,而且不僅發生於靈修領域。在任何高超技能活動(無論是運動、音樂或武術訓練)的長進過程中,我們都會經歷這種幻滅的體悟。

我剛開始學習合氣道時,我的指導「先生」(老師)一直提醒我要放鬆——儘管他不斷提醒,我反而變得更緊張。我的標準提高了,也更加意識到自己的問題所在:緊張。但是,儘管心灰意冷,我越來越意識到自己的緊張,但隨之而來的卻是眞正放鬆的契機。意識到問題是解決問題的開始。

當我們的意識提升到新的層次時,就像飛機飛上雲端一樣,常常會經過亂流。我們體悟到什麼是做得到的，提升了眼界和標準，並且把自我看得更透徹。通常黎明前是最黑暗的時刻——就連人類心靈也是如此。

擁有選擇的權力

「另外還有一件事，我一直認為我們必須自己找到自己的人生道路，沒有人可以告訴別人該如何生活。」

蘇格拉底拍了自己的額頭一下，還翻了個白眼，一副認輸了的樣子。「你這個土包子啊，我就是你道路的一部分。要知道，我並沒有從搖籃裡把你搶過來，囚禁在這裡，你隨時都可以想走就走，請便。」（《深夜加油站遇見蘇格拉底》55頁）

我心裡的小孩想要一個有智慧的老師，但心裡的青少年想反抗。我在「相信我的老師」和「相信我自己」之間拔河，不斷擔心蘇老「告訴我該如何生活」，因爲只有「我」才知道什麼最適合我。

蘇格拉底沒興趣爭辯，因此他提醒我，我不是被他抓來當聽衆的，我隨時可以離開。這層體悟讓我停止發牢騷和抗拒，開始爲自己的選擇負起責任。我不是蘇老的禁臠或犧牲品；我自己選擇這個歷程。

如果將人生比喻爲一部電影，很多時候（也許是好幾輩子），我們把自己當成跑龍套的小角色或替身演員，等待某個人或某個境遇來通知下一步。我們不採取行動，只會被動反應。我需要有個東西提醒我：我可以是電影——自己人生的導演、編劇和明星。我們可以扮演更重要的角色，讓人生改觀。

身爲和平勇士、身爲成熟的人，我們相信生命是在一生的人事物、高潮與低潮、朋友與敵人之間展開，並且看見靈魂在其中淬鍊。我們發現處處有智慧，但是會權衡全部所學（即便是我們信任的老師所教的）與內心忠告的輕重。

無形的覺察之道

「勇士之道大部分都很微妙，未受啟蒙的人是看不見的。我一直藉著讓你看清你自己的內心，讓你知道勇士有所不為的是什麼。這一點，你馬上就會明

白。」（《深夜加油站遇見蘇格拉底》57頁）

個人的進化路徑並不明顯，已經蛻變的人身旁不會出現發光的標誌。這種人可能舉止沉靜、平凡無奇，或是言語之間充滿赤忱與熱情，扮演當下所需的任何角色。對所有人來說，和平勇士是無形的，但只有看得見眼中特殊光芒、感受到活力充沛、晶瑩剔透和不偏不倚等特質的人，才能看見和平勇士。內在修練日久自然會發展出這種洞察力。當我漸漸了解自己的心思和情感時，我也漸漸看見（所謂的）他人內心和性格中的光芒。

信仰歸信仰，生活歸生活

蘇格拉底伸手開抽屜，拿出幾條長長的棉布，開始把我綁在椅子上。（《深夜加油站遇見蘇格拉底》57頁）

我們該不該讓老師或其他人將我們綁在椅子上？也許可以，也許不行，一切視信任程度而定（如果是第一次約會的陌生人要將你綁起來，我不會建議你允許他這麼作）。我和蘇格拉底的師生關係發展至此時，我已經甘願冒險嘗試了。我此時已將蘇老的動作視爲特技表演——我領教過他製造效果的功力。

當蘇老將我送進未知領域時，感覺上就像是第一次從飛機上跳傘一樣——我知道應該不會有事，但就是需要一躍而下，跳進空中。這是出自信心的行動。

想像中的飛行

「蘇格拉底，我們要飛行嗎？」我緊張地問。

「對，可以這麼說。」他說，屈膝半蹲半跪在我跟前，雙手捧住我的腦袋，姆指壓在我的眼窩上方。我的牙齒打顫……

我們走在瀰漫著藍霧的走廊上，我的雙腿在移動，卻沒有著地，四周皆是巨大參天的樹木，它們變成樓房，樓房又變成巨石，我們爬上一個陡峭的峽谷，峽谷變成峭壁的邊緣。

霧散了，空氣凝結，青色的雲在我們腳下綿延好幾哩，一路伸展至地平線上橘色的天空。……

在毫無預警的情況下，雲層消失了，我們懸掛在室內運動場的屋樑上，像兩隻醉醺醺的蜘蛛，在地板上方顫危危擺盪。……

「我把你綁起來，這樣你到處衝來撞去表演小飛俠時，才不會從椅子上掉下來。」

「我真的飛了嗎？感覺起來好像真的是這樣。」我又一屁股坐回沙發上。

「姑且這麼說吧，那是種想像中的飛行。」（《深夜加油站遇見蘇格拉底》57、58、63頁）

很多人問我這一段蘇格拉底把手放在我太陽穴所產生的心靈之旅。就某種意義而言，這些幻想經驗純屬虛構，但從另一層意義而言，卻很眞實。

誠如我先前所述，蘇格拉底並沒有抓住我的頭，製造以上經驗。但我的確在我們通稱爲「想像」的神祕國度中體驗過這趟旅行。

有些人輕蔑地用一句「喔，那只不過是你的想像罷了」論斷這種經驗。但愛因斯坦有句名言：「想像的力量超越知識。」爲什麼絕頂聰明的科學家會如此斷言？或許他體認到，所有偉大的發現皆出自人類的想像，只是後來通過了科學方法的驗證而已。想像是創造的來源，也是通往靈視的橋樑。它原本只是「異想天開」，後來加上潛意識的微妙線索、徵兆和信息，幫助我們觸及最深處的直覺。

我在《深夜加油站遇見蘇格拉底》中描述的情景出自我的想像，卻在我心中變成眞實。當你讀到這段文字時，也會覺得這些情景如假包換，這儼然成爲你我共同經驗的一部分了。

運動員、音樂家和其他表演藝術家，在排演訓練時會想像自己接近完美境界。我們可以唸書、講故事給孩子聽，然後也鼓勵他們講故事給我們聽，以此培養孩子的想像力。想像力豐富的人能將好幾世的人生壓縮在一段人生裡。

當想像力以心理疾病或精神恍惚等形式脫韁而出時，我們會承受苦果。但如果我們善加利用創造性想像，以及每個文化中靈修者與巫醫般的夢想能力，我們就能在宇宙中四處漫遊，讓生命更加豐富、經歷更有深度，並將自我從肉體和感官的限制中解放，甚至突破時空的侷限。如此一來，我們便是善用想像力而不被想像力所蠱惑。

當然了，我們也需要將想像落實於體驗和現實中：走一趟亞馬遜叢林是眞實行動；想像這趟旅行則否。但至少夢想旅行遠勝於從未旅行。異想天開是人類最珍貴的天賦之一。想像之後，我們必須回到現實。自然主義作家歐莎・強森（Osa Johnson）曾寫道：「如果你在空中蓋城堡，你的心血不必然會消失。現在就在城堡底下打好地基吧。」

打開一道門

他以嚴厲的語氣低聲對我說。「這是趟真實的旅程——比你平常生活裡的白日夢還要更真實，給我專心注意一點！」這時，腳底下的情景的確吸引了我的注意，從這個高度往下看，觀眾匯集成五顏六色的點陣，像一幅閃閃發光、波紋起伏的點描畫。（《深夜加油站遇見蘇格拉底》59頁）

蘇老謎樣的話提醒我，這世上不是只有一種實境。他的話召喚我走出平常的意識世界。這段摘錄也揭示了我未曾透露的神祕現象。

我常被問，是什麼樣的靈感啓發我寫下《深夜加油站遇見蘇格拉底》？彷彿我某一天坐下來，就這麼埋頭寫完整本書。實際上，在十年間我寫寫停停，寫作速度和進度變化甚大。一直到最後我以生平經歷爲骨架，重新鋪陳故事架構，才集中全力一鼓作氣寫完。其實，寫這本書事出偶然。有一天我心中不知怎的浮現出一幕雷射攝影般的影像，這才開啓了寫書的念頭。影像的場景是體育館，我從高處往下看，底下的人群看起來像色彩豐富、閃閃發亮的點陣，宛如一幅點描畫。坐在歐柏林學院菲力普體育館的辦公室時，腦中突然浮現這個奇特的景象，於是我開始寫作。我根據這個景象以及多年前邂逅的老人，記下浮現心頭的故事重點，於是多年下來，《深夜加油站遇見蘇格拉底》的內容逐漸成形。整個影像極爲鮮明，深深刻畫在我的記憶中長達數年之久，而創作過程也是一樣玄妙。

聆聽內心的聲音

我發覺到自己聽得見她在自言自語！「這場地的傳音性一定很棒。」我心想，可是這時我看到她的嘴唇根本沒有在動。（《深夜加油站遇見蘇格拉底》60頁）

我曾經問過蘇格拉底，我是否可以學會聆聽他人內心的聲音。他轉頭看我，揚一揚白色濃眉說道：「首先，你最好學會聆聽自己內心的聲音。」換句話說，除非我先看清楚自己心思的本質，透視由信念、思緒和詮釋所築成的篩網，否則無法透徹了解任何人或任何事。

這段簡短對話更上一層的寓意，並不在於教人學習心靈力量或耍小戲法，而在於召喚我發掘心靈的本質。了解自己內心之後，我更能對別人的想法和感覺感同身受。將心比心的力量能讓我們建立更深一層的關係，或成為更優秀的作家、更好的朋友、更好的人，以及成熟的和平勇士。

動態靜心

我還注意到另一件事。這位蘇聯選手在表演她的體操動作時，內心很寧靜。她完成動作，回到座位時，心念又動了起來。東德選手在作吊環動作時，還有美國選手在作單槓時，也都是如此。而且，表現最好的選手在成敗關鍵時刻，內心最為寧靜。（《深夜加油站遇見蘇格拉底》60頁）

這份對心靈與動作的深刻了解，是我們最重要的體悟之一；無論是禪修的經行（行走中冥想）、柔道、合氣道或任何動態修行之道，一切形式的動態靜心皆以此為本。在日文中，許多有關武術的辭彙皆以「道」作為字尾。所謂的「道」，指的是「方式」或「途徑」。事實上，日文「道教」一詞的意義是「道家」。修道本身並非最終目的，修道只是開悟和進步（並不單指贏得競賽）的手段。

我們不是靠盤腿打坐過日子的，終究會睜開雙眼過日子。因此，修行從打坐冥想開始很不錯，再進步到動態靜心，然後藉此銜接到日常生活。

在勝負見眞章的時刻——無論是在觀衆面前展現技藝、參加考試或練習任何動作技巧——我們把注意力放在身體上、動作上，所以動作會變成咒語，也就是注意力的焦點。這就是為什麼我在某些週末工作坊會教雜耍。雜耍也是一種有效的冥想方式，讓忙碌的心獲得喘息，立刻放假。

在動態靜心的時候，雖然思緒不會停止，但我們不再向思緒匍匐致敬；思緒無法分散我們的注意力、左右情緒或動搖決心。動態靜心時，我們的身體立刻從心智解放出來。最後，我們所作的一切都變成動態靜心，使得我們不再受制於胡思亂想所發出的雜音。

經驗與想像

蘇格拉底扶我走進辦公室，我在沙發上躺下，渾身顫抖，我體會到自己再也不是那個幼稚、自大的年輕人，並且在幾分鐘、幾小時或幾天前，曾坐在灰色的椅子上嚇得直發抖。我感覺自己十分衰老，我已見識到這世界的苦難、人類心智的狀態。（《深夜加油站遇見蘇格拉底》63頁）

這是一場改變人生的內心之旅。這段敘述也是我的杜撰，但確實出自我的生活經驗。蘇格拉底並沒有實際將我帶到另一個時空。如前所述，我利用這個文學技巧，以訴諸感官的方式傳達他的教誨，如此一來，理解也能變成一種領悟。

我杜撰事件、夢境和幻象，傳達一個天真、自我陶醉的年輕人如何學習另一種生活方式。我也邀請讀者一起探險，讓我的老師成爲你們的老師。

未來人生的夢境

藍色五斗櫃上的發條鐘滴滴答答大聲走著，把我吵醒。……我的小腳丫踢開被子，跳下床，這時響起媽媽的喊聲。「丹尼呀——小乖乖，該起床囉。」時間正是一九五二年二月二十二日，我六歲生日那天。……

好幾年過去，沒有多久，我成為洛杉磯的高中體操高手，待在體育館的生活叫人興奮，體育館外的生活一般來說卻都讓人失望。……

有一天，傅雷教練從加州柏克萊打電話給我，說要提供我大學獎學金……我很確定，不久以後，我的人生將真正開始。

大學時光匆匆流逝，我是體操場上的常勝軍，在其他方面卻乏善可陳。大學四年級時，就在奧運代表隊選拔賽前，我和蘇西結婚。我們住在柏克萊，好方便我隨隊受訓，我忙得不可開交，甚至挪不出時間或精力給我的新婚妻子。……

我的兒子誕生了……我找了一份責保險的工作……不到一年，蘇西和我分居，最後她聲請離婚。

四十年光陰已經過去……我的人生都到哪兒去了?我戒除了酒癮。我有過金錢、房子和女人,如今卻孑然一身。我很寂寞。……我突然感受到一種恐怖又惱人的恐懼,是我這一生中感受過的最可怕的恐懼。有沒有可能我錯過了某樣很重要的東西——某樣原本可以使一切都不一樣的東西?(《深夜加油站遇見蘇格拉底》64、65、66、67頁)

這段童年的幻象跟可能到來的空虛人生,深深刺激著我,讓我在這條越抵抗就越艱難的挫折之路上,繼續迷惘下去。幻夢中的那段人生,代表了我從前那專注於自我的生活——透過自我滿足、感官享受、短暫的娛樂、酒精的麻醉,來尋覓愛、幸福和滿足感。

要游過水塘,必須離開此岸,才能抵達彼岸。蘇格拉底讓我看到彼岸。唯有讓我對未來幻滅,我才會甘心放下常規生活的種種慰藉,勇敢踏上未知旅程。這個空虛人生的夢境令我不安,它敲醒了我。

改變過去，改變未來

「對於過去，我們有不同的詮釋，並且，也有不少能改變現況的方法。同樣的，我們有很多種可能的未來，你所夢見的是最可能發生的那一種——要是你沒有認識我，就一定會走向這個未來。」

「你的意思是說，假如我那晚經過加油站時，決定過其門而不入，我的未來就會像這場夢？」

「非常有可能，直到現在還是有這個可能。不過，你能夠選擇改變你的現況，你可以改變你的未來。」（《深夜加油站遇見蘇格拉底》68、69頁）

我將黑暗幻夢的內容告訴蘇格拉底時（我懷疑他早就知道了），我問他這是否預告了我的命運。他提醒我，「改變過去」的唯一方法就是改變現在的行爲，因爲現在很快就會變成過去。我們現在的行動，也將塑造我們的未來。

現在，勇士的時刻來臨了。勇士應有這層體悟：無論我們怎麼想、怎麼感覺——不管是哀傷或奮發、羞怯或果斷、自信萬分或滿懷疑慮——我們生活品質之優劣絕大部分取決於今天的所作所爲。今天是通往未來的大門；我們的今天，爲將來奠定了基礎。

走上不歸路

「蘇格拉底，」我說，「我不知道該怎麼去想這件事。我這幾個月來的生活就像一本不合常理的小說，你懂我的意思嗎？有時候，我巴不得能回到正常的生活。」（《深夜加油站遇見蘇格拉底》69頁）

這段話中，我的字句和願望反映了許多人在跨出覺悟的一大步之前（或之後）曾有的感受：我的覺悟似乎讓我遠離了依舊過著如夢如寐、循規蹈矩平凡生活的朋友親人。

通俗文化和電影也曾描寫假造的現實與眞實之間的拉扯，例如《駭客任務》系列電影以戲劇手法處理鴕鳥心態與認清現實後的差別，可說是如夢世界與淸醒世界的隱喻。

讀過我的文章，也許讀者會認定我蔑視生活中的普通常規。其實不然。當今的政治局勢反映人類目前的覺悟與進步程度——也就是我們目前盡全力所達的境界。蘇格拉底從來不曾要我排拒生活中的常規活動，而是鼓勵我超脫這種「墨守成規的心智」。他要我了解，人的一生之中，能做的事情很多。活著不只是爲了消遣和暫時地排憂解悶。

目前我個人的外觀、衣著和行爲舉止看起來相當符合常規。喬依和我住在北加州的郊區房子，我們家有白色尖樁圍籬和兩台車（現在算是舊車了）。我們並沒有住在修行場所、公社，也沒有隱居山中。

但是我們的價值觀、生命重點和感性能力很可能跟許多鄰居不同。我們其實並不特別——沒有過人之處或與異於大衆的特點。我們只是多了一份覺悟、輕鬆、服務的態度，以及內在修練和人生經驗所培養出來的寬廣視野。也許我們看起來比較沒那麼恐懼、憂慮和抗拒。我們生活在相同的世界，但我們以稍微不同的方式看待現實，即使是在付賬單、修剪草皮、洗衣服時也是如此。我們遵照蘇格拉底的生活方式——以不符常規的態度，過著符合常規的生活。

關於第二章

幻象之網

失去幻象比尋找真理更能增長智慧。

——路德維希・博爾內（Ludwig Borne，德國政論家）

掙脫束縛

「幻滅是我能送給你的最大禮物……『幻滅』二字的意思，是『脫離幻象』」……

「你正在受苦；你根本一點也不享受你的生活。你的娛樂、風流韻事，甚至體操，都只是暫時的方法，用來躲避隱藏在你心底的恐懼。」……

「你用來它們來規避你混亂的內在生活——也就是你稱之為心智的那一大堆懊悔、渴望和幻想。」（《深夜加油站遇見蘇格拉底》71、72頁）

想像你探頭查看一口暗井：也許井口長滿藤蔓花朵，深處看似平靜無波。但當光源照射暗處，你會看到方才沒注意到的蟲子。亮光照耀靈魂時，也會發生同樣的現象。心理學家兼夢工作先驅榮格寫道：「照明的意義不在於看見耀眼亮光和景象，而在於看見黑暗。」

我們到此探索自己的內心深處，進一步了解生命。要做到這一點，我們需要看見和認知自己的陰暗面及光明面。作家史蒂芬・雷凡（Stephen Levine）寫道：「內觀（mindfulness）教導我們陰影的本質；慈悲（heartfulness）教導我們光明的本質。若兩者無法平衡，我們將變得無法看見黑暗，或是被光明所矇蔽。」

蘇格拉底逐漸搗毀我藉以建立自我形象的幻象，所以我能直接面對自己的主觀意識。就像我們必須「感受才能療癒」一樣，我們必須「看見才能掙脫束縛」。

執念與受苦

「你如果得不到想要的東西，就會受苦；得到不想要的東西，也會受苦；就連得到你正好想要的東西，你仍然會受苦，因為你無法永遠擁有它。你的心智就是你的困境。它想要免於改變，免於痛苦，免於生與死的必然性。然而，改變是一項法則，再怎麼假裝，都不能改變這個事實。」

「蘇格拉底，你知道嗎？你可真擅長潑別人冷水。我甚至都不再覺得肚子餓了，如果說生命就是苦難，除此之外什麼也不是，那我幹嘛活呢？」

「生命並不是苦難，我只是說，你會因它而苦，而非因它而樂——除非你掙脫內心的執念，不論發生什麼事，只管自由自在御風前行。」（《深夜加油站遇見蘇格拉底》72、73頁）

亞美尼亞裔神祕主義者葛吉夫（Georges Gurdjieff）曾說：「人會放棄任何喜樂，但是不會放掉痛苦。」葛吉夫也認爲，心底的恐懼感驅使我們依附熟悉的一切，希望避免改變。而事態不妙時，我們則渴望情況改變，至少有些時候可以改變——但即使到那時，有些人還是寧願受苦或受虐，因爲至少那是他們熟悉的。俗話說：「寧願遇到熟鬼，也不跟生鬼打交道。」

大部分踏入未知領域的探險家，都曾發現自己在舊我和新我之間進退兩難。冒險的意願是旅行的要素，這冒險並非冒著愚昧逞能的風險，而是存在哲學或情感層面上的風險——面對巨大的恐懼，願意放下心中自以為是的「自我」。因此，選擇過和平勇士的生活時，必須有勇氣、奉獻和忍耐，在這過程中也會逐漸培養出上述特質。

誠如聖奧古斯丁所言：「不要祈求負擔變輕，而要祈求肩膀變強壯。」

名為心智的幻象

「『心智』就跟『愛』一樣，是個靠不住的用語。合適的定義取決於你的意識狀態，這麼說吧：你有腦，它指揮身體、儲存資訊，並根據那些資訊而運作，我們稱這些腦部的抽象程序為『智力』。我到目前都還沒講到心智，腦子和心智並不相同，腦子是真實的，心智卻不然。

「『心智』是在腦部浮盪的虛幻投影，包含了所有隨機出現、未加控制的思緒，這些思緒從潛意識潺潺湧進知覺狀態當中。意識並非心智，知覺並非心智，專注力並非心智。心智是障礙，是使情況惡化的事物……

腦子可以是一項工具，它能記起電話號碼、解開數學題目或寫詩。它就是以這種方式為身體其他部分工作，好像一具曳引機。不過，如果你怎樣都無法停止去思考數學題目或電話號碼，或者老是不由自主在想一些惱人的思緒或記憶，這時就不是你的腦子在運作，而是你的心智在漫遊。接著，心智就會控制你，曳引機就不聽使喚了。」（《深夜加油站遇見蘇格拉底》74、75頁）

無論我們是否同意蘇老所形容的「心智的問題」，大部分人都曾經歷這樣的時刻：極想從令人擔憂、懊悔和焦慮的思緒風暴中逃開，回復平靜。有些人嘗試冥想、瑜伽等方式，來達到更深層的寧靜和放鬆。

關於心中莫名其妙浮現的思緒，這些年來我有更進一步的體悟。有時候，我們心中會升起愉悅的思緒——懷舊的遐想、幻想，快樂或平靜的意象。但大部分時候，心裡浮現的是問題、擔憂和做不完的工作等等。

就如同我們尋求肉體之苦的解脫，我們也會希望從心靈或情感之苦中獲得解脫。心理治療師和其他心靈與情感治療者，就像認知領域的整脊師傅，幫助我們調整世界觀。

無論我的心智充滿正面還是負面思緒，我都已經跟它和解了。心智活動就像溫泉會冒泡一樣，再自然不過了。重點是，避免將思緒誤認爲實相。我們不需要改變思緒，或讓它們控制生活。

當我體悟到，我比較能掌控自己的舉止，而非掌控思緒感受時，我領悟了蘇格拉底的諄諄教誨——重點不在於重整內在，而在於如何超脫於千變萬化的心智與情感之上，不受其左右。現在我把注意力集中於我的一舉一動之上，其餘的任其自由發展。

臣服的法則

「下雨是完全符合自然法則的現象，你在野餐遭到破壞時『很不高興』，在太陽再度出現時覺得『快樂』，這兩者都是你的思緒的產物，和實際上發生的事情並不相干。比方說，你不是曾經在慶祝會上感覺到『不快樂』嗎？因此很顯然的，左右著你心情好壞的本源，是你的心智，而不是別人，更不是你所在的環境。」（《深夜加油站遇見蘇格拉底》78、79頁）

蘇老對我們因雨泡湯的野餐作此評論之後，我開始學習另一道門規（或靈性法則）：接受與臣服。它提醒我們，當心智抗拒本然時，壓力於焉產生。實踐這個法則並不需要放棄所有的喜好——舉例來說，趨樂避苦是天性——不過你可以想像一下，如果我們放鬆喜好的標準，學習以不抗拒的態度、平和的方式，盡全力處理好眼前出現的所有狀況時，人生將會呈現何種光景。希臘哲人愛比克泰德（Epictetus）曾說：「學著希望每件事情的經過完全按照其原本模樣。」

我們培養出隨遇而安、順應當下的能力後，壓力會比較小，內心會也比較不混亂。這能力並非一夕可得，而是當我們學習在逆境中尋找價值時，隨著生活經驗和視野增廣，隨遇而安的能力會慢慢成熟。

人生是自然開展的；盡全力過好人生是種需要學習的能力。初學武術的人通常會抵抗外力，但是武術大師則是順應外力，並將此力轉為對己有利的優勢。這也是勇士的處世之道。

靈魂黑夜

我決定設法重拾幾個月前被我拋棄的正常生活……生活變成一種折磨，別人的笑聲讓我覺得很刺耳。我幻想蘇格拉底和喬依兩個人像巫師和女巫一樣奸笑著，共謀算計我。我看電影時，電影沒有色彩，吃起東西時也味同嚼蠟。……

我開始像幽靈一樣飄來蕩去，混過一堂又一堂課。我的世界從裡到外，從上到下，整個顛倒過來。我設法重返舊有的生活軌道，想藉著用功讀書和苦練體操來激勵我自己，然而一切都不再有感覺。

這一段日子裡，教授們照樣口沫橫飛，大談文藝復興、老鼠的本能和彌爾頓的中年生活。（《深夜加油站遇見蘇格拉底》82、85頁）

蘇格拉底曾說：「我稱自己爲和平勇士，因爲重要的戰役發生於內心。」此時的我，面對著內心的交戰——幻滅、怨天尤人和精神痲痺。我覺得自己動彈不得，困在兩個世界之間，歸屬無著。我想回到過去的生活，但是我看得太多，已經回不去了，卻也看不到前進的路。

在這趟靈魂重整的旅程中，我有一段時間徹底迷失方向，內心備受煎熬，跟精神疾病患者的遭遇沒兩樣。套用許多靈性傳統的說法：這是我的靈魂黑夜。靈魂黑夜可能是孤單寂寞的時刻，令你覺得難以與他人溝通。表面上看來我們的生活很正常，甚至愉快，但是內心的感受迥然不同。

然而如果我們與黑夜正面交鋒，捱過這個難關之後，將看見耀眼的光芒，也會出現前所未有的惻隱之心。重要的啓示，往往從試鍊和考驗之中浮現而出。我學到的第一個啓示就是，在靈性成長的過程中，有個階段會近乎執迷地自我關注——記得自己、觀察自己與反省自己。我們必須先認識自己，才能超越自己。

在你登上個人成長的高山時，自我關注是必經的階段——好比在前往高海拔山區的路上穿越茂密的森林。但我們不想迷失在陰影之中。長期過度關注自我將導致心生不滿。因此，儘管自我檢視是必要且有用的階段，最好時間不要太長。

一旦我們有能力藉由客觀的自我觀察，實際檢視自我時，就可以將注意力轉向外界。誠如日本精神科醫師森田正馬（Shoma Morita）所言：「經過鏡子時，請注意鏡框。」

小孩被人用力搖著大喊「起床」時，還是很想賴床，大人有時也是如此。我們較常讚美答應給我們財富、成就，或感覺良好的人，而憎惡真正讓我們覺醒的人，有時甚至怨恨到口誅筆伐的地步。

剛開始認識蘇格拉底時，我執意地抗拒，一心一意只想維護自己的形象，因此引發了一場自我的黑夜鬥爭，這是覺醒之路上常見的標記。雖然我既抗拒又恐懼，蘇格拉底還是有辦法讓我留在他身邊久一點，久到足以脫下自我形象與自我欺騙的蒙巾。在幻滅和絕望的過程中，我發現豁然開朗與自由自在就在隧道的遠端，讓我明白再煎熬都值得。

這場煎熬並非無可避免。願意拋開抗拒的人，透過信仰和臣服，能夠以意想不到的方式自然而然、從容不迫地覺醒。只要我們無條件敞開心胸，領悟和覺醒隨時隨地都可能發生。我們可以在剎那之間獲得重生。希望如此！

修身與治世

我每天在校園的示威活動聲中，走過史鮑爾廣場，穿越靜坐抗議的人群，我彷彿置身夢中，沒什麼對我是有意義的。學生權並不能給我安慰……我就這麼飄浮遊蕩，如同身處外地的異鄉人，夾在兩個世界當中，歸屬無著。（《深夜加油站遇見蘇格拉底》85頁）

《深夜加油站遇見蘇格拉底》中的故事發生時，種種反越戰的抗議和政治亂象正在加州大學柏克萊分校白熱化。儘管如此，我在書中幾乎不曾提到那個時代的大型事件。這段摘錄也許是唯一一段提及政治示威活動的段落。曾經有關心政治、有社會意識的讀者問我這個明顯的遺漏之處。

跟同輩一樣，彼時在當地發生的一切混亂，激進份子和滿懷理想的學生的正義怒吼，我都體驗過。「當局下台！打倒政府！做愛，不作戰！我要開竅，我要和平，不要束縛！」但是，我寫這本書的出發點並不是記錄歷史或評論政治，我的目的是敘述一個心靈轉變的個人故事，我想寫的是一個年輕人內心的革命，而這正是各時代和文化中，無數心靈與心智的寫照。我比較關心的是不受時間限制的事物，而非有時間性的事件。

愛因斯坦曾說：「不能用製造問題時的同層次思維來解決問題。」因此，大眾的覺醒，或許是唯一可以改變世間的人心和價值觀，解決本末倒置的革命。有一個測驗是這樣的：水槽的水龍頭開著，水嘩啦流出，但排水口被塞子堵住，以至於水溢流到地板上。一旁擺著拖把和水桶。根據你選的答案，可以衡量出心智健全的程度：你會抓起拖把忙著拖地，還是先將水關掉，拔起塞子？每個時代各有動亂與苦難；政治可說是一種必要的拖地。

在政治與國家的國際舞台上，許多懷有崇高理想、智慧過人、充滿善意且勤勉努力者，盡其所能在利益團體之間，在受恐懼、利益和競爭影響彼此敵對的意識形態之間折衝樽俎。多次參選美國總統的尤金‧麥卡錫議員（Eugene McCarthy）曾說：「搞政治就像當足球教練：你得夠聰明，才能了解比賽，而且夠笨，才會覺得比賽很重要。」

眾人的心產生靈性變化時，也許我們終究能將彼此當成同一個大家族的成員，拔起塞子，並且力挽折磨著地球的流血狂瀾。

這就是爲什麼《深夜加油站遇見蘇格拉底》這本書不提一九六〇年代的大事，也不提理念之爭或日新月異的公共戲碼，只提內心的交戰，以及人類對於啓示的追尋。

這世界不斷演進，也不斷產生問題，我對尋求社會與政治方案解決各種問題的有志之士深表喝采。不過另一方面，雖然有社運人士和公職人員追求各自的使命，我所談的個人轉變之道，也同樣能促成更和平、更有愛的世界。

生存或毀滅？

有天近傍晚時，我坐在校園地勢最低處的紅杉林中，等著天黑，思考最好的自殺方法是什麼。我不再屬於這個塵世。（《深夜加油站遇見蘇格拉底》86頁）

在許多人的一生中，總有許多時刻必須面臨莎士比亞筆下年輕的哈姆雷特王子所提的存在哲學問題：

生存還是毀滅，這是一個值得考慮的問題：
默默忍受；
命運暴虐的毒箭，

或是挺身反抗人世無涯的苦難，
在奮鬥中結束了一切，
這兩種行為，
那一種是更勇敢的？
死了：睡去了；
什麼都完了；
要是在這一睡眠之中，
我們心頭的創痛，
以及其他無數血肉之軀所不能避免的打擊，
都可以從此消失，
那正是我們求之不得的結局。
死了：睡去了；
睡去了也許還會做夢；
嗯，阻礙就在這兒；
因為在那死的睡眠裡，

究竟將要做些什麼夢……（摘自朱生豪先生譯文）

在這段期間，我像個流浪漢，在校園內四處遊走——鬍子沒刮、蓬頭垢面、疏離人群、迷失於過去與未來之間，不知該選擇舒服的常規生活，或是蘇格拉底給我的可怕未知世界。

在這個精神麻痺與受苦的狀態下，我被迫面對意義、人生和死亡的問題。我站在內心的懸崖上，直接面對核心問題——我的人生、我的身分和我的存在。雖然我還不準備跳下懸崖，自殺了結，但對受到那無底深淵的召喚，向下凝視的其他人，我可以體會他們的心情。我寫出那段期間的經過，希望可以幫助其他站在懸崖上的人，告訴他們：你的人生故事正在繼續發展，沒有人可以預測下一章、下一刻或明天會發生什麼事。無論眼前一切再怎麼幽暗、無論感覺再怎麼痛苦或空虛——絕望、失去希望或意義——只要忍下去，黑夜之後，終將出現嶄新的黎明。不要孤注一擲，要面對恐懼。讓小我死去，但要保護身體。讓這個「死亡」成為重生。就像白天在黑夜之後出現，黑暗的隧道將迎向更耀眼的光芒。

全新的生活方式

「沒什麼事是非得不可的，只有一件事例外，那就是，你不能再抱著『我要這個、我要那個』的觀點來看這世界。放輕鬆點！當你失去你的心智時，就會清醒過來。」（《深夜加油站遇見蘇格拉底》92頁）

蘇格拉底所謂的「失去你的心智」並不是指精神錯亂或沒有理性。相反地，他指的是「注意」環繞著我的現實世界，而不僅僅是用想的。他移除了干擾我直接感知的思緒屏障。時間一久，當我的意識專注於周遭世界時，我開始感覺到皮膚上空氣的溫度，聞到微風帶來的香味，注意到這個多媒體領域，也就是我們所稱的日常生活中的景象與聲音。

蘇老將我從主觀心理世界——我對每個過往思緒的著迷與執著、衝動或情緒——之中拉出來，讓我進入開闊的感覺世界。在放開小我的同時，我發現了更寬廣的人生。

關於第三章

掙脫束縛

在沉思露珠時，我發現大海的祕密。
——紀伯倫（Kahlil Gibran，黎巴嫩文學家）

專注

當天上午稍後，我繞著愛德華球場跑步，在那兒遇見杜威，他在柏克萊山上的勞倫斯科學館工作。我因為頭一回「沒聽清楚」，必須再請教他的大名一次。這不啻又提醒我一件事：我欠缺專注力，而且心思遊移不定。我們跑了幾圈以後，杜威說，天空蔚藍無雲，我卻光顧著想心事，根本沒注意到天空。接著他往山上跑去——他是馬拉松選手——我則打道回府，滿腦子都在思考我的心智。天底下要是有「自找罪受」的這種舉動，那麼這就是一件

了。（《深夜加油站遇見蘇格拉底》98頁）

在這個階段的修練中，蘇格拉底加深我的覺察力，讓我了解，在心智干擾下，我無法清楚直接地感知現實。我開始明白自己對心智內容的執迷程度。我幾乎沒有注意到週遭發生的事情。我沒聽清楚別人的名字，對身邊的其他細節也視而不見。我只有在空翻或吊單槓時被迫專心，除此之外，我比較注意的是我對世界的想法，而不是世界本體。

有多少人在高速公路上開車幾公里之後，突然發現自己只顧著想心事，而沒有注意到車子已經過頭了？或是忘了下交流道？（想到這一點可以讓你清醒過來：路上有多少分心、想得入神和心不在焉的人）

人就像一面透鏡，能聚集意識，匯成我們所謂的專注力。我們將專注力導引到自己選擇的地方——或是聽任其來去自如，就像孩子夢遊一樣，四處亂走。前一刻，我們專心吃一口食物；到了下一刻，旁邊的人大笑，這時我們已經不再品嘗食物的滋味。接著某個思緒又抓住我們的注意力一段時間，然後我們嘆一口氣，再看看盤子，裡頭已經空了。就這樣，專注力四處漫遊的戲碼重複上演。

我們一直都很專注——專注於某個東西。問題是，每時每刻，我們到底專注於什麼——內在或外在、泥巴或星辰？

心智的波紋

「你現在感冒了，生理症狀告訴你，你的身體需要恢復平衡，需要陽光、清新的空氣，還有簡單的食物，重建正確的運作關係。同理，充滿緊張壓力的思緒則反映出，你和現實發生了衝突，當心智抗拒現實時，緊張壓力就產生了。」……

「一旦你能清楚地了解來源，就會看出心智的波紋和你這個人無關；你會不帶情緒，只是注視著波紋，以後一有小石頭掉進來，你再也不會不由自主地過度反應。一旦你不再如此一本正經地看待你的思緒，便可不受這世界的騷動不安所干擾。」（《深夜加油站遇見蘇格拉底》99、101頁）

這是讓我最難領會的教訓之一：我的情感和心靈所受的折磨，並非來自正在發生的事，而是來自我對事件的想法。美國作家馬克・吐溫（Mark Twain）曾寫道：「我這輩子擔心的事很多，但大部分都沒有眞的發生。」

就連肉體的痛楚也受到思緒和壓力的影響。身體受傷時，如果我們專注於週遭發生的事，而不去思考疼痛何時開始、持續多久或意義何在時——也就是純粹只有痛，沒有增添其他東西或予以複雜化——我們受的苦會少一些（會痛，但不害怕也不緊張，遠比又痛又怕來得不痛）。

心靈和情感上的折磨源自抗拒心，以及對「應該怎樣、不應該怎樣」的執念。解脫的第一步就是辭去宇宙總經理一職，接著採納美國猶太裔作家以撒・辛格（Isaac Bashevis Singer）的建議：「生命是上帝的小說，由上帝編寫。」

我不再自以爲知道人生應該如何進行；這種放下帶來自由的感覺。這不代表我不在乎或沒有喜惡。我的行爲自然伴隨內心的呼喚、興趣和價值觀而產生。我努力讓個人生活和職業生涯都能與我的目標一致。只不過，一旦我瞄準目標，放開弓上的箭時，就只能興味盎然地等著看箭落何處。

無聲的劍

「無聲是勇士的藝術——靜坐則是勇士的劍。」……

他用這把劍，把心智斬成碎片，砍進思緒之中，暴露出思緒那空洞的本質。

（《深夜加油站遇見蘇格拉底》102、103頁）

靜坐冥想曾被視爲東方的宗教儀式，這些年來在西方已廣爲大衆接受，現在甚至出現許多發揚印度、中國和日本靜坐傳統的書籍與導師。成千上萬人受到各式靜坐法的吸引，開始學習，例如許多人選擇佛教的坐禪，就是打坐。研究學者也列出這項古老修行的許多益處。

不過，有修道者將靜坐奉爲無上圭臬，極度推崇靜坐，視之爲悟道之鑰。坊間流傳許多靜坐法、以及靜坐後可以期待某種效果的觀念，但果我認爲這些觀念往往是錯誤的。

蘇格拉底研究過世上林林總總的靜坐冥想方式，他發現並沒有哪一個最佳方式適合所有人，只能針對個人，選擇適用於人生某個階段的方式。

持久鍛鍊的話，靜坐會有進步，就像我們練習伏地挺身或演奏小提琴一樣。但是靜坐這項藝術很微妙，它的進步程度不容易衡量。當我們坐下、閉上雙眼時，太容易作白日夢了。我是白日夢的忠實擁護者，但是我不會將白日夢與靜坐混淆。靜坐時，必須有決心放開意識領域所生的一切——就像坐在岸邊，看著一切從你眼前漂流而過，而非跟著往下游流動。

這種靜坐不見得必然讓人茅塞頓開，不過它本身就是悟道的練習：我們打坐時，背脊打直——既不向前傾身進入未來，也不後仰回到過去——放鬆身體，觀看呼吸的自然循環。當思緒、情緒和感覺升起時，保持姿勢，繼續觀看——這是一種純淨、無牽無掛、超然脫俗的意識，觀察一切、包容一切、不執著，直到我們領悟到，自己就是存在於肉體、心智或主體之外的意識。

從不斷向前進的塵世中撥出時間這件事，本身就是一種回報。當你允許注意力毫不費力停留在呼吸、咒語或其他內心聲音或影像時，心智似乎靜了下來，而且當專注力棲息於超脫時間的凝神之處（有些傳統稱之爲「入定」，有些則稱之爲「頓悟」），時間很快就過了。

一旦我們睜開雙眼，繼續過日子，思緒依然繼續產生。靜坐冥想的重點不在於擺脫思緒，而是與思緒和平共處，並且了解其空洞的本質。一旦認清心智的本質，就不一定要靜坐了，除非你把它當成暫時放下俗務的愉快喘息。這就像心靈的假期，是一種安息日、休息和充電。

世界遠比我們想像的有趣。內觀的益處不少，外觀也是。和平勇士之道包括以全副心神進行內觀和外觀的能力，這樣我們周圍的世界也會成為冥想的對象。

性靈成長

車子急駛離去後，我們仍待在加油機檯旁邊，嗅聞著夜晚的空氣。「你對待這兩個人很有禮貌，卻對那些穿藍袍的尋道者很無禮，可是他們顯然才是進化水準比較高的人啊。這是什麼道理呀？」

這一回，他給我簡單又直截了當的答案。「你應該關切的，只有一種水準，那就是我的水準，還有你的水準。」他咧嘴笑著說，「這兩個人需要親切以待，那批心靈尋道者則需要別的東西讓他們反省一下。」（《深夜加油站遇見蘇格拉底》105頁）

蘇格拉底練就了一身工夫，可以察覺及給予別人最需要但不見得最想要的東西。有些人在某些時刻需要的是單純的仁慈、尊重與禮遇。有些人，就像我，偶爾需要的是嚴厲的愛。

靈修的外表或行頭與時尚宣言無異。性靈的成熟度無關乎衣著品味和居所品質；最能展現性靈成熟度的是我們的行爲。就算我們理解知覺領域或其他奧祕學說或概念，但眞正的問題仍沒解決：即使心裡不願意，我們是否依然能展現仁慈憐憫？我們的舉止是否正面積極、有建設性？我們是否過著適度運動、均衡飲食與充分休息的平衡生活？是否認眞看待一切活動（撫養孩子、工作、休閒、園藝），並將這些活動視爲奉獻服務與成長的途徑？

每分每秒，我們的處世方式與所行之事都會透露生命內涵，一向如此。這就是爲什麼聖雄甘地曾說：「我的人生就是我的教誨。」這句話在蘇格拉底身上得到印證，希望也能印證在我身上。

地圖與燈泡

「你需要的是一張地圖，上面包含你得探索的整片疆域，接著，你才能領悟靜坐的用處和侷限。我問你，哪裡能拿到好地圖？」

「當然是在加油站。」（《深夜加油站遇見蘇格拉底》106頁）

蘇格拉底說得出口的比喻之多，超過機油的品牌數量。他給我的比喻有一部分是日常生活領域的地圖，這也是二十五年來，我在書中所提供的比喻。

如果人生是一趟登山之旅，有許多不同的路徑可以到達頂峰；每個人選擇自己的路線與速度。那些走在前頭，踉蹌跌倒之後再度起身的人，可以提供後人有用的指南——指出明路的地圖。

這就是蘇老給我的東西，也是我給讀者的東西。我的經驗並非絕無僅有，也絕對不是只有我能這麼做。每個人都能分享從經驗得到的智慧。武術界有一句話：「學一日功，教一日功。」對我們而言，那些離我們夠近，可以回頭伸出援手或口出善言的人，比站在山頂的登山達人有用。同樣地，我們也可以這樣對待走在後頭的人。

親身體驗、神祕的靈視之路

有那麼一剎那，我覺得自己正從太空中某個有利位置，以光速在擴大，像汽球一般膨脹，不斷向存在的最外極限漲大，直到我成為宇宙，再也沒有分野。我已變成萬事萬物，我就是意識，體認到意識的本體；我是那道純淨的光芒，物理學家將之等同於一切物質，詩人則將之定義為愛；我是一，也是全部……

轉瞬之間，我又恢復成凡人的形態，飄浮在星辰之間。我看到一面心形的三稜鏡，它讓每道銀河相形失色，它使得意識之光繞射，迸發出燦爛的色彩，閃亮的碎片呈現著彩虹的每種色調，擴散到整個宇宙。

我的身軀變成明亮的稜鏡，到處投射一片片五顏六色的細碎光芒。我體會到凡人肉身存在的最高目的就是：變成傳播這種光芒的清澈管道……

我明白了專注力的意義——它代表刻意去導引覺察力。……最後，我領悟到當進入真正的靜坐冥想時的所有過程——擴大覺察力，引導專注力，最終臣服於意識之光。……

「這些小小的旅程的確讓我不必多費唇舌來啟發你。」（《深夜加油站遇見蘇格拉底》106、107、108頁）

這又是一個讓蘇格拉底「不必多費唇舌」解釋的內在旅行。我之所以寫出這些內在旅行，也是基於相同目的。

假設蘇格拉底令我坐下，洋洋灑灑說了一大篇意識、覺察力和專注力的本質，遣詞用字精確、清楚，甚至有趣，但是對我或我的讀者而言，效果不會等於直接體驗。

詩比散文更能深入打動人心，原因在於詩是潛意識的語言，透過比喻、典型和象徵，將種子撒在心靈表層之下。同樣地，在靈視之旅中所見栩栩如生的意象有如一張魔毯，載人走訪心靈的深邃空間。

詭論、幽默與改變

他拿出一張小卡片，起先看起來很正常，後來我發覺上頭有一抹微弱的光芒。卡片上印著浮雕字體：

勇士企業
主管，蘇格拉底
專長：
詭論、幽默和改變

（《深夜加油站遇見蘇格拉底》108、109頁）

詭論、幽默與改變——這三道永恆眞理，是蘇格拉底的訊息與教誨的基礎。這三個名詞總結了世間、人生及宇宙的狀態。他的所有門規都是從這個三合一的眞理衍生出來的，也就是蘇老在某些時機所謂的靈性法則。

在《深夜加油站遇見蘇格拉底》電影中，丹在山上健行時，概述了他對這三道眞理的認知。但就像蘇格拉底提醒我們的一句話，「行」即是知。

「詭論」表明了宇宙的事實：我們生活在一個有著明顯矛盾對立的世界（明與暗、善與惡）；矛盾的雙方同時存在。誠如英國作家狄更斯（Charles Dickens）在《雙城記》開門見山的名言：「這是最好的時代，這是最壞的時代；這是智慧的年代，這是愚蠢的年代；這是信仰的世代，這是懷疑的世代……」

即便在我們心裡，也能發現兩極的性格：禁欲與享樂、相信與懷疑、愛好交際與獨來獨往。詭論點破了生活和心理中的矛盾對立，以及人生在世的諸多奧祕。

日常生活裡，我們面臨許多自相矛盾的事實：我們彼此分開，但我們是一體；意外會發生，但凡事沒有意外；死亡是眞實的，但死亡是一種幻象。無論是從世俗角度或從超凡角度來看，兩種觀點都有道理。

就連「活在當下」的想法也有矛盾，因爲所謂的「當下時刻」實際上並不存在！我說出「當下」兩個字時，在「當」和「下」之間已經過了一千個片刻。我們無法捕捉片刻時光或抓住今天；我們唯一能做的就是與時光洪流並進。不分過去，不分未來，不分現在——完全沒有時間的存在。當我說「留在當下」時，我指的是專注於眼前一切，不要一心只想回憶或想像未來（過去與未來也許是值得一遊的好地方，但我們不想住在那裡）。

「和平勇士」一詞本身也是矛盾——要戰鬥的勇士怎麼可能同時也很和平？但是，當這兩個明顯相反的辭彙結合在一起時，兩者合一所產生的綜效大於兩者相加的總和：愛與勇氣——和平的心與勇士的精神。

至於「幽默」，這詞在蘇老眼中意義甚廣，不只是「引人發笑的笑話」。他指的幽默是以超然眼光來看的神聖幽默——不要將生或死、自我或世界看得太嚴肅。每個人透過雙眼看世界時，有時候人生顯得非常嚴肅。但是，從上帝（或蘇老）的眼光來看，從無限空曠的億萬旋轉銀河的角度來看，我們會找到應有的態度來看待水管漏水或感情困擾，此時我們又恢復了幽默感。

接著來談談「改變」。如同我先前提到的，「改變」是現實的法則。古羅馬皇帝、斯多葛派哲學家（Marcus Aurelius）奧理略說：「人生是一條承載往事的流水；一件事物出現在眼前，隨即被帶走，由另一物取而代之，但這也會被帶走。」

我們的思緒、感覺和現實時時刻刻在改變，就算是身體細胞也是恆常更新，就連我們的個性也時常改變。在這一刻，我很仁慈；到了下一刻，我變得不爲他人設想。即使我們所稱的「我」也非物體，而是過程，是一連串的動作——仁慈、愚昧、專心、散漫在交替輪迴——有時候這樣，有時候那樣。世界在我們身邊改變，時時刻刻、日日夜夜、歲歲年年不斷改變。人們來來去去、出生及死亡、進來又離開。我們希望愛能持續到永遠；我們對擁有的事物緊握不放。但是，朽化的一切終將死亡，所有物質會化爲塵土，而我們會失去一切所愛。誠如佛陀所言：「有始必有終。平心接受這一點，一切將圓滿。」

誠如蘇格拉底所指出的，我們越能接受矛盾、幽默和改變，就更能巧妙地載浮於現實的流水之上。且讓我們平心接受矛盾，透過幽默之眼看待塵世，並且擁抱改變，毫不抗拒，就像日本詩人水田正秀（Masahide Mizuta）一樣，他曾寫道：「房子既已燒毀，我更能好好觀賞升起的月亮。」

沒有心智的身體

「靜坐有兩個同時並進的過程：一個是內觀——注意逐漸冒出的思緒，另一個是放下——放下對冒出的思緒的掛礙。如此便能擺脫心智。」……

「意識並不在身體裡面，而是身體在意識裡面。你就是那意識，而非那帶給你這麼多困擾的幽靈心智。你是身體，也是其他的一切，你方才親歷過的幻象想顯示給你的就是這個道理。只有心智會抗拒改變。當你放鬆，進入身體裡面，沒有心智，只會感到快樂、滿足又自由，你感覺不到分離。」（《深夜加油站遇見蘇格拉底》109、112頁）

這是《深夜加油站遇見蘇格拉底》中最富挑戰性的概念之一。你的全副心思不必完全繞著這個概念打轉，只需要用直覺感受自己並非「在身體之內的心智」，而是「沒有心智的身體」，感覺不到分離。

如果你將手高舉，握緊拳頭，你會覺得拳頭與周圍的空氣是分開的。我們的心靈習慣這樣握緊，產生了自己與他人或與環境分離的虛幻感覺。因此，我們所謂的「自我」並不是一個「東西」，而是經年累月的收縮動作。

如果你的手放鬆，你將不再感覺手在哪裡結束、空間從哪裡開始。同樣地，放鬆的身心與環境相結合，跟空氣、跟發生在所謂「裡」、「外」的一切結合爲一體。只有心智會將自己定義爲「分離的『我』」。套一句老電影台詞：「把自己當作球。」雖然很多憤世忌俗的人會拿這句話開玩笑，其實這句話的建議不錯。

把自己當作球。把自己當成世界。作家兼心靈導師克里希那穆提曾建議聽眾：「你就是世界。」這句話不光是充滿詩意，也是以字面上的意思表達相同的道理。所有淨化、平衡和向能量敞開的作爲與修行，最終都是爲了揭示這個訊息——允許我們領悟其中的眞理。

在這段節錄的最後幾句話中，蘇格拉底揭示了這個道理。但是，一直要到書的結尾，我描述死亡與重生時，這層領悟才成爲鮮活的眞理，對部分讀者而言，或許在某種意義上也是如此。或許這就是爲什麼許多讀者會重讀此書，提醒自己已經知道的道理。

靜坐之後，在日常生活中冥想

「勇士為何必須靜坐？」我問，「我原以為勇士之道在於行動。」

「靜坐是初入門者的修練。末了，你會學到在每一項行動中都有所冥想。靜坐是一種儀式，靜坐時，你練習平衡、放鬆和神聖的超脫。你必須先掌握好這種儀式，接著才能擴大內觀，在日常生活中徹底放下。（《深夜加油站遇見蘇

格拉底》115頁）

我們談到冥想的主題——這個儀式／練習能發揮什麼作用，以及它的限制。這裡我想談談儀式的重要性。以日本茶道爲例，它是動作與專注力的冥想儀式，是介於靜坐（不管是閉目或半閉）跟日常生活冥想之間的一座橋樑。我們從靜坐開始，然後學習在走路、奉茶或運動時冥想，直到我們在更進一步的練習時（例如洗碗盤、用餐、做愛或摺衣服），覺察力、專注力都能一樣放鬆並感覺自在。

儀式的練習讓我們透過感覺和專注力，將動作提升、轉化爲藝術。儀式能夠將身、心、靈整合爲一。在一般情況下，我們只有在婚禮、受洗、成年禮等「特定時機」才能體驗到儀式的力量。但是蘇格拉底毫不費力地讓我們看到，每分每刻都是「特定時機」。

當我們將全副專注力與精神投入每個動作，且超越機械式的重複行爲時，我們便轉化了當下時刻、心靈和生命的素質——直到每個動作都成爲儀式，而我們的人生成爲他人的榜樣爲止。

快樂的意義

「你瞧，我非常快樂，你呢？」

一輛車開進來加油站，散熱器四周白煙彌漫。「來吧。」蘇格拉底說，「這輛車正在受苦，我們搞不好得給它一槍，讓它早日解脫。」我們倆都走到這輛傷車旁邊，散熱器正沸騰滾燙著，車主心情惡劣，火冒三丈。「怎麼這麼久才來？媽的，我可沒空耗在這裡一整夜！」

蘇格拉底一臉慈悲，看著他。「先生，我們來看看能不能幫上您的忙，儘量把大事化小。」他請那男的把車開進修車房，他把壓力蓋放在散熱器上，查出漏汽的地方。才不過幾分鐘的工夫，他就把破洞焊接起來，然而也不忘告訴那男的，過不了多久，他還是得換新的散熱器。「萬物都會死亡、改變，就連散熱器也是如此。」他對我眨眨眼。

那男人把車開走，我終於領悟了蘇格拉底透過言語所開示的真理。他真的非常快樂！似乎沒有什麼事情能影響他快樂的心情，從我們認識以來，他表現過憤怒、悲傷、文質彬彬、強悍、幽默，甚至擔心的樣子，但他眼中始終閃

耀著某種祥和、喜樂之光，即使在他熱淚盈眶時也不例外。（《深夜加油站遇見蘇格拉底》116、117頁）

蘇格拉底口中的「快樂」，跟常人所說的「感覺良好」這種稍縱即逝的情緒完全不同。他說的是勇士的精神——儘管表面情緒起起伏伏，依然能夠散發正面能量和光芒到世間。這樣的分野，正是整本小說和和平勇士之道的重心：蘇格拉底從不相信，而我也從不相信，人類進化的終點停駐在臉上自我滿足、開心的笑容上。

任何人都能自稱快樂——我們怎麼知道口頭說的快樂是眞是假？「感覺」快樂和「表現」快樂是否不同？感覺快樂和表現快樂哪一樣比較好控制？（在你回答之前，請仔細思考這個問題）這裡還有另一個值得深思的問題：你比較想跟心有所悟但裝瘋賣傻的人爲伍，或是想跟精神失常但看起來開悟的人共處？

感覺快樂當然很令人愉悅，但我們不能直接控制這份感覺，否則就能輕易指揮自己在任何時刻感覺快樂。但是，即使在無聊或憂傷時，我們仍然可以命令自己微笑、大笑，表現得很快樂。

我的意思不是說應該忽略或否認感覺。經年累月出現抑鬱等負面情緒，意味著你可能需要專業協助，積極改造人生。不過，儘管我們尊重自己的各種正負情緒，並從中學習，仍然不妨採納和平勇士的做法，表現出快樂、勇敢和仁慈。

人生走到這裡，即使我感受到生活中尋常的情緒起伏，我仍然體會到潛在的快樂和平安。許多人同時感覺憂愁和喜悅——這足以證明情緒的矛盾本質。

如果我們持續嘗試「對自己感覺更好」，同時以爲自己是整天忙著解決問題的小臨時工，就不大可能覺得快樂，除非是聽到好消息或如願以償時，獲得短暫的喜悅滿足。這種感覺良好的時刻轉眼即逝，很快我們又開始尋找下一個感覺良好的時刻。

我逐漸明瞭——經過六十年的歲月與無數經驗才得到這個暫時的結論——我們眞正尋覓的是意義、目的和聯結；我們尋覓超然物外的境界。體驗這種無條件極樂境界的唯一方法，就是先了悟我們的神聖起源與本性——從分離的自我之中完全解脫。

蘇格拉底了悟超然物外的人生之祕，因此即使在憂傷、痛苦或低潮時刻，或面對自己死亡之時，他都知道自己是誰：超越一切遊戲、一切表象、一切限制的永恆意識。他自在又快樂，即使是在更換老卡車的機油，或試著向一個天真、自以爲是的年輕運動員灌輸某些觀念時，也是如此。

當蘇格拉底問我，我是否完全快樂時，他指的道理就是這個。他逼我面對自信外表下的眞相：雖然成就斐然、青春洋溢，我仍然感覺空虛、畏懼和徬徨。他有我想要的東西，這東西讓我在艱難時刻能夠繼續撐下去。

〔關於第二部〕

勇士的修練

你可以制定戰鬥計畫或人生計畫，
但行動開始之後，
一切可能不按計畫進行，
這時你只能依靠訓練期間所培養的臨場反應。
所有的預備工夫在此刻見真章——
你在天光未明之時所做的訓練
將於你站在耀眼光芒下時一一展現成果。
——喬・佛雷澤（Joe Frazier，重量級拳王）

關於第四章

劍已磨利

一旦劍士一心一意只想贏得比賽或展現劍法與技巧，
劍術將墮入永劫不復之地。
——高野茂義（Shigeyoshi Takano，日本劍道士）

幸與不幸

喬依輕柔地將我的臉轉向她，凝視我的眼睛。「丹尼，蘇格拉底要我帶話給你，他請我告訴你這個故事。」

我闔上眼，專心傾聽。

有位老人和他的兒子經營一個小農場，他們只有一匹用來犁田的馬。有一天，馬逃跑了。

「真糟糕，」鄰居表示同情，「太不幸了。」

「誰知道是幸還是不幸呢？」農夫回答。

過了一個禮拜，馬從山上回來，還領著五匹母馬進了穀倉。

「太棒了，實在有夠幸運！」鄰居說。

「是幸運？還是不幸運？誰知道呀？」老人回答。

隔天，作兒子的在馴馬時從馬上摔下來，斷了一條腿。

「真糟糕，這太不幸了！」

「是不幸嗎？還是幸？」

軍隊來到所有的農場，強拉青年從軍作戰，他們嫌農夫的兒子負傷在身，沒什麼用處，他因此而逃過一劫。

「幸？不幸？」（《深夜加油站遇見蘇格拉底》127、128頁）

很多讀者最喜歡這個故事。就在我身負重傷（這個傷即將挑戰並改變我的一生）躺在醫院時，喬依坐在病床旁告訴我這個故事。

她當時所講的道理也是我現在要講的：當我們不再假設自己知道什麼是眞正

絕對的好或壞、只有秉持信心時，當我們不以批評或期待的眼光看待每一刻時——我們的人生將迥然不同。認爲自已知道的人心裡其實緊張不安，他們執著於事情的結果應該如何、忙著解決問題，吃力地讓每件事情產生「正確」的結果。

如果我們不多忖度每件事情的意義或該如何進行，只等待生命自然發展，善用每次歡樂或痛苦、成功或失敗的新經驗——這一切都是生命本質的一部分，那麼，我們的人生將會出現何種光景？因爲，在我們身上發生的事情，無論多麼受到期待、令人悲痛或不公不義，該發生的就會發生，無法改變。

接受，是萬用的生命法則——這是我們對任何時刻或經驗最有創意、最堅定和最聰明的回應。結果證明電影《星際爭霸戰》的博格人說的沒錯：抵抗眞的徒勞無功（而且讓人筋疲力竭）！

我教兒童體操時，小蘿蔔頭常常你推我擠，爭先恐後要站在隊伍的最前頭。我不會命令他們不要爭，而是等他們排好隊伍後，走到隊伍末端，宣布排在最後的人最先開始。從此以後，他們不再爭先恐後，不再預先設想，而是開始等待事情的結果。這是很好的人生對策。

我們趕著參加重要會議，眼看就要來不及的時候，車子竟然爆胎了。這個意外可能救了我們一命，讓我們免於在下個十字路口發生致命車禍；不過爆胎也可能釀成車禍。重點是，「我們不曉得」。了解這點之後，我們不再試著扮演上帝的角色。

人生中的掙扎，給我們最好的學習機會。信仰就是有勇氣活下去，把每件事情的發生都當成是爲了給我們最大的益處和學習。因此，每當抗拒現實或面臨挑戰時，可以這樣提醒自己：「這是幸或不幸？誰曉得？」這樣想可以幫助我們更加放鬆，進入生活、信仰和奧祕之中。因爲，我們眞的不曉得。

清淨的生活

以前我就注意到，似乎有光籠罩著他，但我以為那是我眼睛疲勞的關係。然而此刻我並不疲倦，的確是有光——那是種朦朧的光輝。「蘇格拉底，」我說，「你的身體周遭有閃亮的光，光是從哪來的？」

「清淨的生活。」（《深夜加油站遇見蘇格拉底》132頁）

很多人注意到，某些人身體周圍似乎散發著健康的光輝。他們是在散發能量，我們可能會在這些人四周偵測到稀薄的磁場，在接近他們時有種特別的感覺。也許這只是想像，也許是他們的人格或魅力，或者也許是其他因素。

每個人都有洋溢快樂或熱情的時候，此時表情會改變，呼吸和手勢也不一樣，也許還站得更挺。我們周遭的能量場是否也會改變？我很少使用「氛圍」這個詞。不過就像地球被電磁場和大氣層包圍，以同樣的邏輯推理，每個生物也被生物能量場包圍著。

有些人聲稱自己可以偵測，甚至看見這種能量場，並且以不同的顏色標出，每個顏色各有意義。即使有些人沒有感應的天賦，比較不敏感或缺乏想像力，偶爾仍可以感應到別人的能量場變得明亮、黯淡或沉重了。此外，沒有人始終散發著相同的能量（就像我們不會一直保持相同的情緒）。

看過我另一本書《生命數字全書》（*The Life You Were Born to Live*）的讀者可能記得，某些人——無論是由於基因、因緣或頻率之故——有大量潛在的創造性能量通過身體。但是能量是一把雙刃劍：從正面角度來看，這些人具有充沛「力量」，動物喜歡讓這些人撫摸，植物在他們的照顧之下成長茁壯。但有時候，他們不知道如何處理所有能量，所以可能會用不同方式（有的很有建設性，例如運動；有些則具破壞性，例如喝酒、抽煙或吸毒）釋放出緊張或不適時感受到的能量壓力（我在另一本書《不凡時刻》〔*No Ordinary Moments*〕中，以〈普遍的成癮現象〉一章討論過這個主題）。

注意身體裡外的能量世界，是一場有趣的探索。最重要的是認知我們擁有的能量，保持能量的流動，並且明智地使用能量。我們不必眞的吃下特別的東西，或做任何特別的舉動以從外界獲得更多能量，因爲我們每次有意識地呼吸時，就會吸收能量，讓體內不僅充滿氧氣和其他氣體，還會充滿光芒。我們從身邊的朋友、所吃的食物、太陽和自然界汲取能量，重點是，不要浪費能量。

你可能聽過這樣的故事：有個人花了大半輩子的時間尋找更多光芒、能量和精神。幾年過去了，當他來到一座聳入雲霄的聖山，覺得冗長的追尋之旅即將結束。他費力爬了很久，終於到達山頂。他展開雙臂，向天空大喊：「請在我的身體裡注入滿滿的光芒、能量和精神！」

這時雲層分開，有一個雷鳴般的聲音說道：「我一直幫你加滿，你卻不停讓它流失！」

透過呼吸和放鬆，可以有意識地爲身體注滿覺察之光。我們也可以減少不必要的緊張、煩躁和空洞的閒談等流失能量的行爲，讓更多能量（有人稱之爲prana，意爲呼吸、能量，也有人稱之爲「氣」）在身體之內或圍繞著我們流動。到那個時候，我們可能會像蘇格拉底一樣，散發特別的光輝。

勇士的領域

「勇士的領域由一扇大門所守衛……有很多人敲門，但只有很少人進得去。」（《深夜加油站遇見蘇格拉底》133頁）

假設找一個安靜的地方躺下來，用大拇指塞住耳朵，一開始會覺得安靜無聲，接著在寂靜中，覺察力會開始慢慢調整。幾秒鐘或幾分鐘後，在覺察力的邊緣會聽得到高音。這讓我們領悟到，這個聲音一直存在，而且自然而然聽得到。可以利用這個內在的聲音來冥想，以它當作專注的對象。過一陣子，我們可能會聽到更微妙的聲音——最多出現十二種不同的音調，每個音調都比前一個細膩，讓專注力進入更深的境界。

這些聲音一直伴隨著我們，但很少人有空注意到。這種調音需要練習才做得到。同樣地，這句話中，蘇格拉底所指的「勇士的領域」並不在他處，並非位於不同的時空象限，或平行的宇宙。這個領域就在我們眼前，就在此地，就在此刻——在這個世界、這輩子、這一刻。

我們不需要尋找所謂薩滿陰間裡通往勇士領域的實體大門——儘管這是個引人入勝的意象，非常適合用在小說中。「勇士之門」比喻的是日常生活，也就是讓我們修練的舞台。在日常生活中，我們最終會穿過十二道關卡，而不是只有一道（請參閱我的另一本書《平日的開悟》〔*Everyday Enlightenment：The Twelve Gateways to Personal Growth*〕）。

和平勇士的領域向所有人敞開，而且每個人在求道之路上都會找到這些關卡。想通過這些關卡，需要眞心、勇氣、明心見性、精力和專注力。誠如佛教裡的菩提達摩祖師所言：「所有人都知道這條路，但很少有人走過。」

我指的「路」是對所有大衆開放的，不是某些根據地位、知名度、財富或學位決定入會資格的私人俱樂部。這條路上沒有拚命努力才能贏得的彩色腰帶，也沒有戲劇性的入會儀式；它有的，只不過是日常生活領域提供的，恰如其分的種種功課。這條衆人通用的道路在每個轉眼瞬息之間顯現而出。這時我們可能會用和平勇士的方法應對，也可能不會。

在某些時刻，我比較像和平勇士；有時候又比較不像。每個人都是如此。每一天最大挑戰，就是增加我們的勇敢與仁慈的時刻。

門規，放諸四海皆準的法則

「要找到大門，你就得遵守……」

「門規？」我插嘴。（《深夜加油站遇見蘇格拉底》134頁）

這裡的「門規」，英文是House Rules，本意爲「賭場規則」，是撲克牌賽局的術語。誰在「賭場」當家，就可以定下特別的規矩。廣義來說，它適用於講究機遇的賽局，例如人生。雖然蘇格拉底曾表現出對撲克牌的喜好，但是他說的門規指的是「放諸四海而皆準的法則、自然法則、靈性法則」（我在《心靈法則：

使人生美好的簡單眞理》〔*The Laws of Spirit*〕書中交替使用並深入探討這些名詞）。

物理界的萬有引力定律，是萬用法則之一；門規就像萬有引力一樣眞實不變。其他法則描述花朵如何轉向太陽，或海浪拍岸之後會變成什麼形狀。綜合來說，人類構想這些法則，藉此解釋宇宙、地球和人我互動關係的運作法則。科學家（代表「理性」、思考力和左腦）與祕修者（代表「神話」、直覺和右腦）都積極想要了解這些法則，但探究的方法各自不同。

靈性法則解說生命如何運作——它們是現實法則。現實並非以我們的是非觀念爲基礎，而是奠基於行動及其後果。換句話說，如果我在登山或跳傘時沒有考慮到萬有引力定律，這種無知不代表我是壞人，但是會造成致命後果。

當我們終於臣服於門規之下，生活會過得更好——我們不再受到幻象的折磨：不再以爲自己可以忽略、扭轉或打破靈性法則，或避開行爲的後果。

所以，當蘇格拉底聳聳肩，拿門規回答我的問題時（我在《時時刻刻——生命法則Q&A》〔*Living on Purpose*〕書中談到這點），他其實正將我的專注力導向和平勇士之道所依據的現實法則。

療癒方法

我頭發燒，渾身痠痛，身子又往桌邊一靠，眼角餘光看到蘇格拉底走向我，手伸向我的腦袋。我心想，哦，不要，不要是現在，我還沒準備好。可是他只不過摸了摸我又濕又黏的前額，接著檢查我的扁桃腺，仔細觀察我的臉和眼睛，量我的脈搏。……

接著他拿出一小瓶黃色的液體，裡頭浮著更多壓碎的藥草，然後把這液體用力按摩進我右腿疤痕的部位。……

「蘇格拉底，瓶子裡這黃色的玩意是什麼啊？」

「泡了藥草的尿液。」

「是尿！」我邊說，邊嫌惡得把腳抽開。

「別傻了。」他說著，抓住我的腳，硬拉回去。「根據古老的療法，尿可是很受推崇的靈藥。」（《深夜加油站遇見蘇格拉底》135、136頁）

大學時代我曾罹患感染性單核球增多症，這是一種透過普遍的傳染途徑傳播的疾病，也就是俗稱的「親吻病」。我脾臟腫大，喉嚨很痛，在學生健康中心待了好幾天。醫生依照正規醫學給我診斷和治療，也忠告我要休息，好好照顧身體和免疫系統。休養幾個星期、午後小睡片刻之後，我又恢復了健康。

後來我才嘗試古老的療癒方法，包括草藥治療法，甚至是尿療法。我記得柏克萊的公衛教授曾經在課堂上提供這個建議：如果我們受困森林中，身上有開放性傷口，例如輕微切傷時，比較聰明的做法是在傷口上尿尿，而不是「親吻傷口，讓傷口好轉」，因爲唾液含有無數細菌，但「新鮮」尿液有殺菌功效。古印度阿育吠陀傳統醫學可能會教你以自己的新鮮尿液治百病，用來漱口治療喉嚨痛或其他病症。但是，由於尿液滋生細菌的速度很快，因此現代醫學並不採用，一般也不建議使用尿療法（不過另一種使用水蛭的古老療法已經再度重現）。

許多受到古老或自然療法吸引而親身實踐的人，可能會將另類（或輔助）醫療奉爲圭臬，以懷疑的眼光看待現代醫學，偏愛藥草勝過「藥物」。但有些現代藥物藥效明顯，副作用少，甚至可以救人一命。反觀某些藥草，如果用量或搭配上出錯，可能會造成傷害，甚至致人於死。

我認識的最好的醫師會盡力使用各種療法，無論古老或現代，只要經過檢驗並且有效就會採用。無論如何，以理性的方式幫助身體自行療癒似乎是明智之道，不管你用的是正規現代療法或古老療法。現代醫學經過幾個世紀發展，已有極大進步，我們也持續研究不同的保健與療癒方法的使用或誤用，並從中學習智慧。

我寫下這段的用意，絕非鼓勵讀者遵照蘇格拉底用在我身上的飲食建議或其他方法。我只是想表示他如何敞開我的心胸，讓我接受新療法和新的生活方式。

情緒與行動

生氣和其他任何一種情緒都沒有什麼不對，只不過你得注意自己的舉止行為。」……「怒氣是有力的工具，可用以轉換舊習，」……「恐懼和憂傷會抑制行動，怒氣則會激發行動。一旦你學會善用你的怒氣，就可化恐懼和憂傷為怒氣，接著化怒氣為行動。這正是內在魔法裡的身體祕密。」……

「如果我連自己的情緒都控制不了，又怎麼能控制自己的習慣呢？」

「你不必控制情緒，」他說，「情緒就跟氣象變化一樣，是自然現象，有時是恐懼，有時是憂傷或憤怒。情緒並不是問題所在，關鍵在於如何將情緒的

能量轉化為積極的行動。」（《深夜加油站遇見蘇格拉底》140、141頁）

我曾經輔導一名男士，他說自己動不動就發脾氣，對這一點非常煩惱，想知道如何「停止生氣」。我建議他，處理行為可能比處理憤怒有用。問題的癥結並不在於怒氣，而在於他感到憤怒時，會採取什麼行動。

人們傾向於把生活當成連續劇，讓情緒主導劇情（想看看情緒主導生活的例子，只要打開電視看連續劇就行了，或看看自己的親戚）。相信自己有情緒問題之後，我們會想辦法體驗更多正面的情緒（例如自信、勇敢、慈悲、奮發向上和熱情），並且擺脫所謂的負面情緒（例如恐懼、悲傷和憤怒），好讓自己生活得好、表現更好、完成更多的事。

我們希望下次聽到的勵志演講、看到的自我激勵文章或遇到的心理輔導師可以幫我們專注於情緒管理，或找到管理情緒的方法。但是，我們不需要改變我們的情緒；情緒自然而然產生，沒有什麼不對。我們需要的是「改變自己的行為」。

要落實這項改變，可以採用兩種基本方法。第一種方法較多人用：平心靜氣，培養啓發潛能的信念、練習正面的自我對話、讓專注力更敏銳，然後肯定自己的能力，這樣便能解放情緒，想像正面結果，增加信心，有勇氣下定決心，一定要感覺到自己受到充分激勵，可以做到必須完成的任何事情。

第二種方法，也就是和平勇士之道：只管起身而行就是了。

在聖賢居住的理想世界中，每個人一定立刻選擇第二種方法。但在現實世界中，很少有人可以「馬上戒除癮頭」，或是「只靠少吃多動」來減肥。很多人需要經歷一段時間和階段性過程，才能適應新的生活方式。我們可以用團體支持、適當計畫和療程這些過渡的方法，讓自己最終可以「起身而行」。毛毛蟲不是在一夕之間蛻變成蝴蝶的，轉化需要一點時間。

所以，在我們化知識爲行動、學習利用情緒（不是反過來讓情緒利用我們）之時，請寬待自己。誠如印度聖雄甘地（Mahatma Gandhi）所言：「當蓄藏的熱力轉化爲能量時，我們的憤怒將化爲一股足以推動世界的力量。」

飲食的智慧

「世界上沒有跟我一樣的勇士，」他笑著回答，「也沒有人想要跟我一樣。

我們每個人都各有各的天賦，比方說，你體操很在行，約瑟夫則精通膳食。」

「你需要淨化每一項人類機能，好比移動、睡眠、呼吸、思考、感覺，還有吃東西。在所有的人類活動中，吃的重要性數一數二，應該先加以安定。」

……

「在我的飲食中作一些改變，哪裡能造成差別啊？」

「你目前的飲食……使得你昏沈無力，影響你的心情，並且削弱你的覺察力。」……

「我只吃有益健康的食物，而且只吃我需要的份量。你如果想辨別什麼才是你說的『自然』食物，就得磨利鍛鍊你的本能，你必須變成一個自然人。」

……

「我的飲食乍看之下或許太簡樸刻苦。但是我吃得津津有味，因為我培養出一種能力，可以品味欣賞最簡單的食物，你將來也可以的。」（《深夜加油站遇見蘇格拉底》143、144、145頁）

蘇格拉底在這個階段給我的訓練，以及《深夜加油站遇見蘇格拉底》的此一段落，談到了「理性戒律」的新方法：了解和改變習慣，並且學會做好該做的事，不管我是不是有心情這麼做。

追尋更高層次生活方式時，沒有人可以迴避飲食攝取這個根本課題。所以我的心靈老師才會介紹我一種更精緻、更清淡的飲食方式。許多讀者採納了他給我的建議，以爲這是適合任何人的飲食方式，但其實，不一定非得斷食、吃蛋奶素、全素，或只吃生食才能適應更高層次的生活方式（雖然支持這些飲食方法的人士可能不同意我的話）。

無論如何，解決這個人生最根本的課題——找到最適合自己的飲食方式——是勇士必經之路。無論我們的選擇爲何，我們都必須意識到自己所吃的食物、吃的方法、吃的份量與吃的時間。正確的飲食，如同正確的呼吸、姿勢和談吐——當我們調整身心，讓自己適應更完整、更深層的生活方式時，必須好好處理這些問題。

我並不想建議特定的哲學或方法，畢竟沒有一體適用的方法。雖然我們一樣有身體和消化系統，但也有個別差異：有些人天生吃飯比別人快或慢；有些人會仔細咀嚼食物，有些人比較不會。在我們當中，有些具有特定文化、地區或遺傳背景的人，比較容易或比較難消化不同的食物。

約瑟夫是蘇老以前的學生之一，也是他的朋友。他擅長料理生食，而且他做的餐點非常可口！這是他的藝術，但不是他的宗教信仰。約瑟夫曾經告訴我：「多吃一些對你有益的東西，少吃無益的東西。親身實驗；專心注意；然後找出對你有用的東西。」我想不出比這個更好的建議。

有些清淡、淨化、回春或平衡飲食可以作爲暫時或療養的養生方法，但不見得適合當成長期的飲食方式。基於道德、健康、環保和美學等種種因素，我已經將近四十年不吃肉，但這項選擇並不適合每個人。有大約五年的時間，我嘗試嚴格的全素飲食。但是我發現吃一些乳製品和蛋比較能滿足我的需求。此外，在過去幾年之間，我開始偶爾吃點魚。我也有一年的時間不吃精製的糖類產品，但後來又吃起甜食。

有些人尋找完美的飲食方式猶如尋找完美的靈魂伴侶，但是別懾服於篤信飲食祕方的人，他們以爲自己所說的是「唯一的正確方法」。靠自己找出來吧！別人也許是飲食或醫學上的專家，但我們才是自己身體的專家。傾聽智者的忠告，但是就像萬物的道理一般，你要親身實驗，然後找出對自己最有效的方式。

斷食

「這一餐是你接下來七天當中的最後一餐。」蘇格拉底解說起我即將展開的淨化斷食計畫的大致內容。稀釋的果汁和不加糖的花草茶，是我僅有的食物。……

「幾年以後，就沒有守規則的需要了，你可以盡量實驗並信賴你的本能。不過眼前呢，你必須戒掉精製糖、精製麵粉、肉類、咖啡、酒精、菸草和各種毒品，只能吃新鮮水果、蔬菜、未精製的五穀雜糧和豆類。我不認可走極端的作法，但是就目前來說，你的早餐應該吃新鮮水果，偶爾可以加點優酪；午餐是主要的一餐，應該吃生菜沙拉、烤或蒸的馬鈴薯，還有全麥麵包或煮熟的五穀雜糧；等到晚餐時也是吃生菜沙拉，然後偶爾吃稍微清蒸過的蔬菜。每一餐都要善加利用沒有加鹽的生種籽和堅果。」

「蘇格拉底，我看哪，你早就是堅果專家了。」我發著牢騷。

（《深夜加油站遇見蘇格拉底》147、148頁）

允許蘇格拉底「在我身上展開計畫」似乎違反了我前面說的話：別讓他人告訴我們該怎麼吃。但是，蘇老推薦的是暫時的戒律，幫助我戰勝習性，以免我不知不覺什麼都吃。就像網球教練提供技術上的建議，蘇格拉底在飲食上給我建議。斷食對很多人而言可能有用，但並非適合每一個人。大部分人對不吃東西這件事會產生本能的、孩子似的恐懼感。這是自然反應，因爲成長中的孩子普遍需要規律攝取營養和熱量（我不建議成長中的孩子斷食，但是偶爾一餐不吃或生病時沒有胃口並無大礙）。

對於成人而言，一段時間斷食（無論是不吃東西，或是不讀報紙、不上網或不看電視）可以當成有益健康的持戒修行，對身體和心理有許多好處。但是正如許多道理一樣，斷食適度就好。純淨、輕盈的感覺很容易令人上癮。如果你有意嘗試斷食幾天或更長的時間，最好是事先閱讀相關主題的書籍，或諮詢專業人員。除非是在醫療人員監督下以斷食治療肥胖症，否則我不建議以斷食作爲控制體重的手段。若要維持最佳體重（因人而異），最好的方法仍是養成持之以恆、不偏不倚的均衡飲食，再加上規律運動的生活方式。

心智與身體的姿勢

「姿勢必須恰當合宜，才能融入地心吸力；心態必須恰當合宜，才能融入生命。」（《深夜加油站遇見蘇格拉底》149、150頁）

正如飲食奠定生活的基礎，姿勢也是。姿勢不是只有講究挺腰坐直，而是反應我們身體在靜止與活動時，與重力之間的關係。姿勢影響消化、呼吸和情緒。但極少人意識到這部分，大多數人往往經年忽視、積習難改，造成了苦果之後才開始尋求治療。

唯有保持良好的姿勢和選擇良好的運動方式，運動才會有所助益。許多類型的身體工作，還有瑜伽、亞歷山大技巧（Alexander technique，整合身心的技術，幫助人覺察及克服活動與思想模式中的慣性限制，例如習慣性的肌肉緊張）、費登奎斯法（Feldenkrais，肢體重建、身心整合的動作學派）、伊戈斯古止痛法

（Egoscue Method，藉由特定動作或輔具伸展肌肉、消除疼痛的治療法）及彼拉提斯等，有助於重新整合身體，恢復身體在地心引力中的自然移動方式。

恰當合宜的身體姿勢也就是瑜伽所稱的「體位法」，不僅是瑜伽課練習的重點，每天的練習也很重要。這種有意識的身體鍛鍊可為修習和平勇士之道奠定深厚的基礎。

走不同的路

> 別人（我的朋友們）大快朵頤聖代，我卻點了礦泉水，最後只有拚命吸吮冰塊的份兒。我看著他們，羨慕得要死，他們回看著我，眼神好像在說我有點精神失常。他們搞不好是對的。總之，我的社交生活在戒律的重重壓迫下，逐漸分崩離析了。（《深夜加油站遇見蘇格拉底》151頁）

每當我們改進、調整自己的習慣或行為，朋友、同事、親人和同儕會注意到這改變，並且提出意見或想法。體系的一部分改變時，對另一部分也會造成改變的壓力，因此別人自然會對我們的改變作出反應。

舉一個具體的例子來說明。喬和莎莉這對夫妻因爲吃太多、動太少，身材逐漸走樣。假設其中一個人決定開始規律運動並少吃一點，你覺得另一個人會爲起頭的另一半加油，然後起而效尤嗎？有可能，因爲一個人的改變的確會對另一個人形成內在的壓力，迫使他跟著改變。但是「不跟著改變」的人有時候會暗中阻撓——有意無意表達出希望另一半回到以前的樣子。

人類經常拿自己與其他人比較，甚至會互相競爭。這不見得是最理想或最成熟的性格，卻是常見的性格。

這段摘錄所描述的情況是這樣：我跟朋友一起出去玩，他們開心地吃著點心，我卻得遵守蘇老的飲食戒律。我覺得自己與世隔絕，還要接受他們發現我的行爲改變時（即便從各方面來看這都是正面的改變），開的那些無傷大雅的玩笑。

人們覺得，跟那些讓自己感覺良好的人在一起時，自己會比較自在，而我們恪守戒律，可能因此使其他人反省他們的習慣。因此，如果我們選擇一條層次較高或只是不同的道路，那些停在原地不動的人，可能覺得跟我們在一起不自在——你的煙友或酒友甚至可能勸你放棄努力。

走不同的路、不再融入團體，在在考驗我們的品性。這可能表示必須尋找志趣相投的新朋友。我們得應付恐懼：在行爲或生活方式上的改變可能會讓我們疏遠配偶、夥伴或朋友。進入全新、陌生的領域時，探險家通常會面臨分離的恐懼，害怕自己與群體隔絕。在這樣的時刻，我們需要謹記在心：不是每個人都要跟所有人打成一片；有些人是走在團體的前頭。

有些人可能覺得我們的改變會威脅他們，因此貶抑我們。這時可以捫心自問：「我是否應該頂禮意見之神，或傾聽自己內心之神（或女神）？我會不會在旁人脅迫下，變得更像他們？跟群眾打成一片是崇高的美德嗎？或者，我是否將以身作則，並且給別人空間，讓他們自己選擇？」

或許我運氣好。當我經歷《深夜加油站遇見蘇格拉底》中所描述的改變時，我的體操隊友仍然接納我，因爲我們同樣熱愛體操運動——但有時候他們一定覺得我有點奇怪。所以，有了蘇格拉底這位知己、老師和楷模對我很有幫助。

靈性蜜月結束時

不過，時日一久，我開始感到反抗欲越來越強，儘管蘇格拉底一副臉色陰沉，我還是對他發牢騷說：「蘇格拉底，你變無趣了，變成了個平庸又性情乖僻的老頭；你的身體甚至不再發光了。」

他怒視著我，「再也沒有魔術花招了。」他只說了這句話。就這樣——沒有花招，沒有性，沒有馬鈴薯片，沒有漢堡，沒有糖果，沒有甜甜圈，沒有趣味，沒有休息，裡裡外外都只有戒律。（《深夜加油站遇見蘇格拉底》151頁）

你可能聽過這句話：在節食的頭四個小時，人人都是樂觀主義者。當我們做正面的改變、遵守新戒律或展開新的運動習慣或飲食療法時，一開始會熱中投入，甚至在短期之內獲得不錯的結果。

但無可避免地，時間一久進展便逐漸停滯，而且你會發現攀過巔峰之後必定向谷底滑落。戒律不再充滿新鮮感；過了三天、數週、數月或數年之後，戒律變成例行公事。此外，在某個時間點，剛開始的興致或幹勁逐漸消失。和朋友提及這項嶄新、令人興奮的重大計畫已不再是一大樂事。唯一剩下的只有自己，而且每天都得面臨繼續與否的決定。

蘇格拉底給我的訓練到了這個時間點，新鮮感已經消退，我必須應付漸漸升起的抗拒感和漸漸減少的興奮感。在這階段，過去熟悉又比較輕易的生活方式呼喚著我們重拾舊習。心生疑惑時，陣陣懷舊情感塞滿了我們的幻想。畢竟過去的生活有哪裡不好？

以意志力對抗因循惰性，就像在將巨石滾上坡時施加摩擦力一樣；在對抗過程中產生的心理熱能，具有淨化、增強能力的效果。但是它也會燒傷我們，於是我們會聽到水妖甜美的歌聲，催促我們回到像其他人一樣的熟悉生活，重回窠臼受到大家的歡迎，從此輕鬆愉快。

因此，想要戒除壞習慣，例如煙癮或豪飲，停止一次是不夠的；每次誘惑出現時，我們必須一再阻止自己——即使除了自己之外沒有人會讚美或加油。在這時刻，請牢記前美國總統林肯（Abraham Lincoln）的這些話：「我渴望這樣子生活，即使到最後失去了世上每位朋友，我至少還剩下一個朋友，而那個朋友就在我心底。」

從超凡出世的眼光來看，我們所爲一切皆是完美（不分對錯，只講後果）。我們各有選擇、各有生活。但到了特定的決定時刻，當我們不知道應該選擇哪一條路時，不妨問自己：「我希望十年後的自己成什麼樣子？如果是我的孩子面臨這個選擇呢？我會希望他們做出什麼選擇？」

在壓力之下作出選擇，可以看得出你的人品。在蜜月期結束，幹勁消退、疑惑漸生時候，我們的選擇和行動才是對品性的眞正考驗。如果行爲與最高目標並行不悖，即使心生反抗、感到厭煩或恐懼，我們還是繼續堅持和平勇士之道，再多撐一個小時、一天。

克服習性

我不會再受一時衝動所奴役。

那一晚標示著一個全新的開始，我開始散發自尊的光芒，感覺擁有個人力量，我知道從今以後，一切會比較容易了。

生活中逐漸累積小小的改變。我從小就有各式各樣的小毛病，比方在晚上天氣變涼時會流鼻水，還有頭疼、肚子不舒服以及心情陰晴不定，我以為這一切都是無法避免的正常現象，但現在，它們都消失了。我不斷感到身體發散著一種光芒以及一股氣。（《深夜加油站遇見蘇格拉底》155、156頁）

在生活作出正面改變之後，我的確覺得比較舒服。不過這段摘錄中提到的「不斷感到身體發散著一種光芒及一股氣」卻是有點理想化的描述。沒有所謂恆常不變的事物；改變是自然界的運作原則之一。所以，無時不刻不斷檢視進步的證據以支持自己堅持下去，並沒有好處。即使遇到狀況最佳的改變，我們依然會時好時壞、有時覺得疲倦，甚至會生病幾回。

保證完美的健康狀態或持久不衰的氣力，並不符合現實。我們的行爲加上本身的遺傳體質，長久下來，一定會對整體健康和安適狀態造成影響。俗話說：「到了五十歲，我們必須對自己的容貌負責。」這表示我們所過的生活會反映在臉上、身體上。當年我參加大學運動校隊時還很年輕，根本不會想到這個問題，但蘇格拉底從他那個年紀的角度提醒我。我當時接受的生活方式長久下來對我有益處，其實對任何人都有益處。

即使只是小小的改變，久了以後，也會造成明顯的不同。我們也許不能完全藉由改變生活方式來戰勝基因，但無論如何，改變還是產生相當多的好處。箭一旦射出，在一開始或中途稍微改變路線都會影響最終方向甚鉅。正因如此，你得努力克服侷限你的成長或對你有害的癖好及習性。經過幾個寒暑之後，一定能讓你精氣十足、重拾尊嚴。

進步與驕傲

我練習慢慢呼吸，慢到一次呼吸得花上一分鐘。這種呼吸練習，加上全神貫注，並與控制特定部位的肌肉搭配起來，可以像三溫暖一樣，讓我的身體發熱，因此不論外頭氣溫有多低，我都照樣覺得很舒服。

我很興奮，因為我發覺自己逐漸培養出一種力量，就是蘇格拉底在我們初識的那一晚，向我展現的那種。我頭一次開始相信，說不定，只是說不定，我可以成為像他一樣的和平勇士。我不再覺得被朋友排擠，反而覺得自己比他們優越。每次一有朋友埋怨自己生病了或有別的問題時，我卻知道只要正確進食就可以治好病、解決問題，這時我便會盡量提出忠告。（《深夜加油站遇見蘇格拉底》157頁）

訓練可以造就某方面的成長或進步。如果我們練習仰臥起坐，久而久之，身體會更強壯；進步並沒有特別神祕之處。規律的練習需要活力和自律精神，而且越練習越有活力、越能自律。

至於提到不論外面氣溫多低，我都覺得很舒服，這是個稍微誇張的說法，請見諒。西藏僧侶確實會修持拙火，這是一種可以提升體內熱能的加壓呼吸法。據說修持此法的僧侶以濕毯子包裹赤裸的身體，在低於冰點的氣溫下靜坐，他們產生的熱能不僅保持身體溫暖，還能使毯子變乾。雖然我的確養成這方面的某些能力，但想要維持的話必須持續修練。從實用的角度來看，穿上溫暖的衣服可以少花點精力。

這段摘錄的主要用意是，由於我發展出某些罕見能力，開始覺得自己比朋友優越。就像運動員（或是博士、詩人）因爲受過特殊訓練或具備特殊能力，而自認爲比別人優越一樣。我當時的驕矜自滿就是這種心態，自欺欺人。毫無疑問地，我們可以發展出某些領域的專長，甚至達到爐火純青的境界，但時至今日對我而言，比起優異的體能，我更欽佩仁慈與憐憫的表現。

即使我們的心智透過修練變得更加清澈專注，身體更有彈性，但是優越感（或自卑感）卻只會反應出人我差別的幻象，這是修道之路的危境之一。當我們以正確的角度看待成就（及奮鬥）時，將會擁有虛懷若谷的心胸。驕傲代表你看不清重點。其實，沒有孰優孰劣的問題。我們每個人只是做好自己，盡好本分。沒有讚美，也沒有責怪，只有生活與學習。

自然呼吸

「丹，別擔心，你只需要再多放鬆一點就行了。既然你現在明白了自然呼吸是什麼感覺，就會讓自己越來越自然地呼吸，直到感覺起來很正常。呼吸是身心之間、感覺與行動之間的橋樑。均勻並自然的呼吸會把你帶回當下這一刻。」

「這會不會使我快樂呢？」

「它會使你知覺意識清明起來。」他說。（《深夜加油站遇見蘇格拉底》162頁）

在這段摘錄中，在蘇格拉底的朋友、生食小館老闆約瑟夫的提醒下，我更能意識到食物對身體和生活所造成的影響，也讓我意識到我的姿勢、緊張和呼吸。他設法讓我特別注意最珍貴、最簡單和最根本的生活技能：呼吸。

有的人會主張，我們不需刻意學習呼吸也能過完一生。呼吸是自主（自動）且大部分可以自律的系統：當我們需要更多空氣，例如運動時，我們會用力地呼吸。這完全是自然的現象。

但是在日常生活中，很少有人可以自然地呼吸。也許在剛學走路時會自然地呼吸：幼童的小肚子會隨著每次呼吸而鼓起和放鬆。但是進入青春期及成年之後——甚至更早以前——心智會將緊張加諸於身體，在不同時刻、不同情況下，長期限制呼吸。

任何人持戒注意呼吸一整天下來，都會發現（也許會像我一樣有點不順利）我們經常抑制呼吸或完全停止呼吸，例如在專心進行精細動作、蹲廁所、情緒緊張、聽到突如其來的噪音或甚至倒茶水的時候。

瑜伽修行者和其他身體文化的崇拜者針對特殊功效，設計祕傳的呼吸練習。這種修練和靜坐類似，已經行之多年。

就像斷食幫助我們免於不吃的恐懼，閉氣練習（短暫斷絕空氣）、緩慢深呼吸，以及時而放慢速度計算呼吸次數的練習，可以讓我們免於本能上對空氣不足的恐懼。有意識地控制呼吸，確實可以幫助我們呼吸得更輕鬆。

蘇格拉底和約瑟夫曾解釋，和平勇士之道的「平凡戒律」在日常生活中俯拾皆是。而最有益健康的練習就是一整天專心地不斷呼吸——放鬆、節奏分明的呼吸，就像搖動的鐘擺。我們不需要使勁深呼吸，只要在進行所有活動時，練習簡單、節奏分明的呼吸，讓呼吸移動身體。這樣的練習看似簡單，其實不輕鬆。朝個人進化之路邁進時，這是重要的一步。

靈性經驗的引誘

「別為了你的經驗而分了心。經驗來來去去，如果你想要某種經驗，那就去看電影，這比做什麼瑜伽都簡單多了，而且還有爆玉米花可以吃。喜歡的話，儘管靜坐一整天，聽聲音，看光芒，或者看聲音，聽光芒，但就是不要被經驗所引誘。把一切都放下，隨它去！」（《深夜加油站遇見蘇格拉底》163頁）

在蘇格拉底那裡完成初步訓練之後，我在旅行期間曾經坐在一位富魅力的心靈導師面前，這位導師教導冥想的技巧。如果勤加練習，我最後可能會看得到藍珍珠的幻象（也許是藍駱駝）。聲稱自己看得見藍珍珠（或類似東西）的人，會被冠上「成熟修行者」的封號。

但是諸如此類的影像、登峰造極的經驗，對我們的日常生活有何意義？能幫助我們養家活口、服務世人或對陌生人表達善意嗎？尋找內在經驗作爲進步的證據，可能是另一種追求成就和地位的方式，只不過舞台不同。

有些比較空靈（較不入世）的人傾向於提出「靈性經驗」，例如幻象、極樂之波、淨化（kriyas，因狂喜而顫抖）、自發性運動等，而受到別人的羨慕。但許多心靈成熟的個人從來不曾體驗如此戲劇化的徵兆、變動的狀態或彩色的幻象。

蘇格拉底費盡苦心強調，經驗再怎麼戲劇化，終將消逝。眞正重要的不是你得到什麼經驗，而是你學到什麼教訓——至於你是否學到教訓，則是根據行爲和看法中出現哪些有意義的眞實改變來衡量。

怒火與鍊金術

我簡直快要氣極攻心，沒多久卻笑了起來，他也笑著指著我。「丹，你剛才經驗到一種煉金術般的轉變——你把怒火轉化為笑聲。」（《深夜加油站遇見蘇格拉底》163、164頁）

大部分的人都有過這種經驗——原本心煩意亂、憤怒、難過、哭泣，接著心境突然轉變，最後甚至莫名大笑起來。這種超脫的幽默時刻，跟被笑話逗得大笑的情形是很類似的。當我們向上提升到更寬廣的視野時，原本生氣或難過的事情就變得可笑，甚至荒謬愚蠢。彷彿是我們突然想起，自己是在人生這齣劇中某個場景的演員。把自己當成舞台上的角色，從自己的眼睛後面走出來，你會有全新的觀感。

這就是蘇格拉底所指的「鍊金術般的轉變」。進行自我觀察——有能力將習慣的嚴肅轉變爲神聖的幽默感——是我們所能培養的最重要的靈性能力之一。想要重新找回幽默感，只需要有意願並覺知自己步出自我框架，轉過身來，從遠距離觀看我們的小題大作、滑稽動作和裝模作樣。

現實主義與理想主義

我聽到他極度悲慟的嘶嚎，看見他緩緩跪下，痛哭。但當我走到他身旁時，他的臉色已恢復安詳。

消防隊長向他走來，告訴他火勢大概起自隔壁的乾洗店。「謝謝你。」約瑟夫說。

「約瑟夫，我很難過。」

「我也很難過。」他微笑著回答。

「可是才不久以前，你還很混亂憤怒。」

他微微一笑。「沒錯，當時是很憤怒。」我想起蘇格拉底說過：「發洩情

緒，然後就隨它去吧。」（《深夜加油站遇見蘇格拉底》164頁）

過去幾年來，有些讀者也提出相同的質疑，不懂書中約瑟夫在蒙受重大損失之後，為什麼能迅速恢復安詳。我再次承認，為了闡明觀點，我這裡寫的是理想化的「情緒療癒」；太過樂觀地呈現現實，絕非蘇格拉底的目的或我的本意。

探索靈性和宗教傳統時，我們會遇到許多理想化的觀念，例如每分每秒或絕大部分時間裡，都能學習正面思考。我們閱讀教人正面思考的書，卻發現書中的方法在自己的經驗中不太管用。我們會想，若能完成所有練習，再學以致用，一定可以奏效。此外，我們也可能會相信，這類書籍的作者必定精通正面思考。

事實上，正面和負面的思緒感覺，例如快樂的遐想、悲傷的意象、恐懼、懷疑等等，都會自然而然地產生。思緒之所以造成問題，是因為我們賦予它們權力，或將它們誤認為現實。

其他理想化的觀念包括，教導正值青春期、荷爾蒙分泌到達巔峰的年輕男女禁慾，結婚之後才能有性行為；或是要求神職人員終生不得有性生活。除了少數例外，這些理想化的建議對現實世界的人們不大管用。

現在回到我所描述的意外狀況——約瑟夫因爲他的餐館陷入火海而悲痛欲絕，但他很快地放鬆情緒、微笑，然後跟我打招呼，彷彿若無其事。約瑟夫向我解釋，他已經發展出「發洩情緒，然後就隨它去吧」的能力。這個金玉良言適用任何人，所以我在書中寫出這段意外。但是我們可以說，時間點的安排是理想的巧合。

現實中的人需要較多時間才能「隨它去吧」。有人問我，心碎了怎麼辦？我只能回答：「我明白你的心很痛。」至少會痛一段時間，這是事實。

理想必不可少，理想代表我們努力爭取的一切；現實則反映我們目前的狀況。我們應將兩者一起考慮。約瑟夫或你或我的確損失慘重、感到沮喪，不過也熬了過來。心中的哀慟和其他情緒就像傷口一樣，會隨著時間癒合，有些在癒合之後會留下疤痕和記憶，這是人類經驗中自然會發生的部分，此亦和平勇士之道。

習慣的問題

「我有沒有跟你講過，根本沒有所謂的壞習慣？」……

「要知道，那樣做是為了培養你的意志力，並給你上一課，好讓你的本能復甦。事情是這樣的，不論哪種下意識的、不由自主的儀式行為，都會造成問題；然而特定的行動，比如抽煙、喝酒、吸毒、吃甜食或問愚蠢的問題，卻是有好有壞。每一行動都有它的代價和歡樂之處。你如果兩面都有所體會，就會變得既合乎實際，又能為你的行動負責。唯有如此，你才能自由並有意識地做出勇士的選擇，也就是——去做，還是不去做。

「俗話說，『坐時就坐，站時就站，不論做什麼，都不可舉棋不定。』一旦你作出選擇，就得全力以赴。可別像那個牧師，在和妻子雲雨時，想到祈禱，在祈禱時卻又想到和妻子雲雨。」……

「所以，我的所作所為符合你的新標準也好，不符合也好，你都應該要清楚一件事，那就是，我並沒有不由自主的行為，也沒有任何習慣，我的行動是有意識、自發、刻意並且完整的。」

蘇格拉底捻熄他的煙，對我微笑。「由於你的驕傲和自以為比人優越一點的戒律，你變得太呆板了。這會兒我們該來小小慶祝慶祝了。」（《深夜加油站遇見蘇格拉底》167、168、169頁）

蘇格拉底有時候會極力辯護某個道理，然後轉過來唱反調。就像傳說中伊斯蘭教蘇菲派智者的穆拉‧納斯魯丁（Mullah Nasruddin），他看到一群人圍著兩個意見相反爭論不休的男子，走上前去說道：「冷靜一下！到底是什麼問題？」其中一個說了自己的看法。納斯魯丁大聲地說：「你說得對！」另一個人嚷嚷：「你還沒聽我講耶！」納斯魯丁聽他說完之後，一樣很肯定地說：「你說得對！」旁觀者說道：「等一下，不可能兩人都是對的。」納斯魯丁搔了搔頭，回答：「你說得對。」

從自己的觀點或用不同的角度看事情時，每個人都沒錯。

曾有一位心靈導師規定不知節制、什麼都吃的人嚴格吃素，然後帶著習慣吃素的人去釣魚，並要求他們吃下自己釣的魚。蘇老的言行證明了美好生活並非奠基於一成不變的規矩或方法，而是當我們要超越習性及所謂不由自主的行爲時，能夠堅強且隨心所欲。

一開始，蘇老強迫我遵守有節制的、淨化身心的飲食與生活方式。他訂出各種戒律，讓我戒掉放縱的習慣。但當我的進展到了清教徒般的狂熱程度時，他說：

「小心！如果你太自以為是，堅守你所有的戒律，那麼『壓力』將會毀了你。」所以他帶我進城，讓我放鬆一下。

蘇格拉底教導的基礎，並不是是非觀念，而是行動必有後果這項門規——他對自己的選擇，無論是帶來快樂或必須付出代價，他都負起完全責任。他指出，上癮——不由自主地重複某種行為的需求——必須克服才行。對他而言，偶爾抽根煙或喝杯啤酒無傷大雅。他可能好幾個星期或好幾個月不抽煙不喝酒，然後抽根煙，接著過了幾個星期或幾個月才又享受一根煙或小酌一番。

但蘇老也指出，如果有人具有生理成癮的傾向，無論是遺傳體質或變態反應型渴望——例如某些嗜酒如命的人，喝一杯之後一定接著喝下去——最好完全不碰會令人上癮的事物。世上並沒有一體適用的規則。

要持續禁欲苦行、或不斷縱情享樂眞的太容易了。蘇格拉底能夠根據時機，適時扮演其中一個角色。大部分時間裡，他生活在自我放縱與自我克制之間的平衡地帶。

中庸之道與熱情洋溢的生活

「寧可盡全力而犯錯，也不要瞻前顧後、小心翼翼地避免犯錯。責任意味著同時領悟到歡樂和代價、行動和後果，然後作出選擇。」

「聽來像是『非黑即白』，沒有中庸之道嗎？」

「中庸之道？」他像個福音傳道者似的，縱身一躍，跳上桌子。「什麼中庸呀，根本是偽裝過的平庸、恐懼和迷惑，它是魔鬼的雙關語法，它不是做，也不是不做，而是搖擺不定的妥協，不能使任何人快樂。中庸之道只適合平凡無奇的人、覺得歉疚的人，還有不敢採取立場的騎牆派份子。中庸之道是給怕哭又怕笑的人，怕活又怕死的人。中庸之道哪——」他深吸一口氣，

「是半冷不熱的茶，專給魔鬼喝的！」

「可是你跟我講過平衡、中道與中庸的可貴。」

蘇格拉底搔搔腦袋。「嗯，這倒是。」（《深夜加油站遇見蘇格拉底》168頁）

這是書中另一段矛盾的對話，蘇老顯然不屑中庸之道。

綜觀歷史，從道家的老子與莊子，到希臘羅馬哲學家，許多文化的聖賢都推崇平衡與中庸之道。在政治界，中間路線陣營的聲譽通常超過極左或極右派（極端陣營給予本身成員的評價除外）。

舉例來說，在日常生活中，我們接受的觀念有：吃飯速度太快或太慢、講話太大聲或有氣無力都不好。我們不喜歡動作太快或太慢。童話故事「高蒂拉與三隻熊」（Goldilocks and the Three Bears）蘊含這個深度智慧，這是它歷久不衰、深受喜愛的一大原因。

蘇格拉底過著平衡的生活。他輕鬆又自在的感覺、進食方式、說話方式和動作在在反映中庸之道。但是，只要他願意，他也可以慷慨激昂、動作敏捷，而且只要符合教學目的，他也可以走極端。

蘇老這段關於中庸之道的激烈短評，其實是針對不敢展現熱情、不敢明確表態、不敢引人注目、不敢超越自我極限或走出安樂窩的人。對這些膽怯的人而言，「中庸」的生活只不過是尋找安逸，避免任何刺激感或冒險。這些人只洗溫水澡，永遠在相同的合理時間就寢，記不起何時曾經熬夜到清晨或偶爾帶著一本好書或愛人早早上床。

蘇格拉底並非提倡放蕩瘋狂的生活，他只是慷慨激昂地主張破除常規，希望我們靈活應變、不按牌理出牌，並充滿生命力。

恩典時刻

我步行回家，心中漲滿感激之情，激動得在公寓門外跪下，摸著土地。我抓起一把泥土，定睛凝視著在和風中閃閃發光的翠綠樹葉。有那麼寶貴的幾秒鐘，我好像慢慢融入大地。接著，自小時候以來頭一遭，我感到天地間有著某種賜予生命的無名存在。（《深夜加油站遇見蘇格拉底》172頁）

在這些時刻，我與某種存在默默交融。這個存在既偉大又慈愛，勝過我所認識的任何事物。它超越了世間所有煩惱，讓一切平安無事，彷彿母親的懷抱。這種經歷似乎既明顯又不朽，不知我爲何一直沒能察覺。一句古老的諺語提醒我們：「上帝眞的存在；只是沒人注意罷了。」有些人可能以「眞實」、「美」或「靈感」等字眼代替「上帝」。無論如何，我都沒有注意，因爲我陷入平常下意識的喃喃自語之中，想著每天該做的事情和芝麻小事。

靈氣包圍著我們、擁抱著我們，當下如此，時時刻刻亦如此。我們不大可能聽到氣象預報員這樣播報：「今天降雨機率有20%，靈氣綻現的機率有30%。」

事實上，神的支持與滋養不虞匱乏；我們從來沒有被遺棄。我們只需要挪出空閒的注意力，觀照四面八方，此即信教和修行的最大意義。無論是修行和儀式、持咒、吟誦或祈禱，這些方法只不過是爲了將我們的注意力吸引到永恆的存在，也就是我在那個寧靜的夜晚，在恩典時刻所感受到的無名存在。

死神召喚

「蘇格拉底，你難道不難過嗎？一點點都沒有嗎？」

他放下扳手。「這讓我想起很久以前聽過的一個故事，有個母親因為兒子夭折而悲傷欲絕。

「『我受不了這份痛苦和悲哀。』她對她的姊妹說。

「『我的姊妹呀，妳兒子出生前，妳有為他哀傷嗎？』

「『沒有，當然沒有。』消沈的女人回答。

「『好啦，那妳現在就不需要替他哀傷了。他只不過是回去他出生前待的那同一個地方，他的原鄉。』」

「蘇格拉底，這故事使你得到安慰嗎？」

「嗯，我認為這個故事還不錯，說不定以後你也會欣賞。」他以快活的語氣回答。「蘇格拉底，我還以為我很了解你，但我從來就不知道你可以這麼無情。」「丹，不必庸人自擾——死亡可是一點也沒害處的。」

「可是，他人已經走了！」

蘇格拉底輕輕笑了笑。「說不定他人已經走了，也說不定沒有。說不定他從來就不曾在這裡！」他的笑聲響徹修車房。

我突然領悟到自己何以如此煩躁不安，「要是我死了，你是不是也會有同樣的感覺？」

「那是當然！」他笑著說，「丹，有些事情你還不了解，以現在來說，你就把死亡當成一種轉變好了——它比青春期的轉變稍微激烈一點，可是用不著特別難過。這不過是身體的一項改變，該發生時，它自然就發生。勇士既不求死，也不逃避死亡。」

他的神情突然變得陰鬱，接著又開口。「死亡並不讓人悲傷；讓人悲傷的是，大多數人根本就沒真正活著。」這時，熱淚湧上他的眼眶。（《深夜加油站遇見蘇格拉底》173、174、175頁）

大部分人不願思考「終歸一死」這回事，但蘇格拉底就像祕修者、僧侶、聖賢和曾經「死」而復生的人一樣，對這個結局不再恐懼。

凡事有始必有終。或者，也許並不是眞的告終，而是繞著生命之輪再走一圈。秋天，葉子凋落；時序入春，嫩芽取而代之。這是自然之道、宇宙之道。凋落的葉子成了滋養大地和新生命的肥料。從葉子的角度來看，這是死亡；從樹木和土壤的角度來看，卻是値得高興的事。

每個人都有一輩子要活，或者有好幾輩子可活。但是，既然我們通常不記得前幾輩子的事情，最好把這輩子當成絕無僅有的人生。大部分人在出生時既冷又搞不清楚狀況；死的時候既害怕又難受；在青春期時甚至過得更糟！但是話說回來，有什麼重大的過渡時期可讓人輕鬆以對？

蘇老提醒我，我們每天死了又生，晚上神遊太虛，然後在早晨醒來。我們每天製造因果，留下的未竟之事就在接下來的幾天一一解決。或許幾世人生也是這麼一回事。

從常人習慣的眼光來看，死亡是事實，而且通常令人哀慟——我們將失去所有親朋好友，無論是他們死，還是我們死。失落和哀傷都是人生很自然的部分。坐在瀕死的父母親或朋友身旁，在他們死後，看著遺體這個空殼子時，沒有人可以否認死亡的事實。

蘇格拉底以脫俗的眼光，以那藏在億萬雙眼睛之後閃閃發光的超凡覺察力，看待眞實的我們。他是以這個角度談論死亡。從這個角度來看，死亡只不過是融入大海的一滴水，稱不上驚天動地的大事。

就在此時此刻，這個星球上有千百萬個生物正在死亡及誕生，其中有些生物是人類。一種生物吞噬另一種生物，這是一齣動態變化的戲碼，一切完全自然。

有些人主張，我們應該利用人生在世的機會，爲善終做好準備——澄清覺察力，有意識地過渡到死後狀態。我期盼自己的死亡，到時我將親自發現死後會發生什麼事（如果眞有任何事的話）。但在活著的時候，我將盡我所能活得又久又充實，因爲每一天都是可以讓人學習、教導和服務的一天。

重點是眞正活過、爲後人造福之後才死。蘇格拉底過得充實。時辰一到，他絕對可以心滿意足地放下一切。美洲原住民有一句名言這樣說：「今天是適合赴死的好日子。」

今天也是適合生活的好日子。

關於第五章

山間小徑

知道路怎麼走，不能代替一步接著一步往前走。
——李察茲（M. C. Richards，美國詩人）

從內心找答案

「你得求諸於內心去找到答案。現在就開始，走出去，到加油站後方，垃圾箱後面，就在那裡，角落靠牆的地方，你會找到一塊扁平的大石頭，坐在石頭上，等到你悟出有價值的事情後，再來告訴我。」（《深夜加油站遇見蘇格拉底》180頁）

蘇格拉底要我從內心尋求答案，這表示他著手要平衡我的心理狀態和我的生活。在遇到他之前，我和大部分西方人沒什麼兩樣，一個追求具體外表、注重科技、拚命吸收資訊、向外發展的消費社會把我給洗腦了。蘇老給了我一道課題，要我相信「內在的知者」，並向內心尋求有價值的事。他絕不容許我像鸚鵡學舌般，重複別人所寫或所說的事情；身爲大學生，我已經擅長這項工夫了。

蘇老要求我尊重並汲取人人都可取用的無限智識，只要我們肯觀察、聆聽和信任，一定可以取用。很少人完全信任榮格所說的「集體無意識」跟自己之間的先天關係。蘇老在等我探索這個位於內心、屬於細胞層級智慧的大型知識寶庫。

舉個實際的例子，如果我們想學高爾夫球之類的新技能，有名資深指導員、教練或老師來教導，可能讓我們受益。但是，不讓外在指導遮蔽我們內在的知者、我們的道德準則——這個神聖智慧的火花是人類的寶藏——才是明智之舉。

蘇格拉底堅持我回答自己的問題，好讓我戒除依賴他的習慣。他鼓勵我求助於每個人心中都有的明燈，在那裡，更高的自我（higher self）暢所欲言。

值得分享的事情

我站在石頭上，納悶自己怎麼會想起這件事。這時，我頓悟了，我走到辦公室，站在蘇格拉底的桌前，宣佈：「人生並沒有平凡無奇的時刻！」（《深夜加油站遇見蘇格拉底》183頁）

讀過《深夜加油站遇見蘇格拉底》的人可能記得我坐在戶外的石頭上（電影中的主角則是坐在車蓋上），一直坐到我想出「有價值的事情」可以分享。我花了好幾個小時，凝神絞盡腦汁，數度想錯方向，最後才找到名副其實的洞見——覺悟到「人生沒有平凡無奇的時刻」。

不過，光讀這一句話也有危險，它可能很武斷、淪爲老套或陳腔濫調。「這句話一點也沒錯。」我們可能會這麼想，「這是很好的提醒，以前聽過。」但若這層覺悟穿透內在直抵核心，人生將會改變——我們開始把全副心神投入世界。

我們不會牢記每一天；我們會記得的是片刻。人生就是一連串的片刻。無論你的意見或信仰是什麼，每段片刻的好壞決定了人生的好壞，這是放諸四海皆準的真理。

蘇格拉底提醒我，運動員練習運動、詩人練習作詩、音樂家練習音樂——但是，「和平勇士練習每一件事情」。大部分人已經停止練習，大家只不過是完成動作——刷牙、煮晚餐，做已經做過幾百遍卻從未真正專心去做的各種事。練習的意思是，在做的同時有意識地企圖改善、精進。這樣一來，每天、每刻，我們堅持走得更平穩、呼吸得更徹底，並練習以前只會呆做的事情。練習將我們導入到當下這一刻，使每個片刻變得非比尋常。

你可以在隨便一個時刻自問：「我只是做事，或是在練習我正做著的事？」

觀點之別

「你必須超越正常，超越平常、普通或合理，到達勇士的領域。你一直設法在平常的領域中變得優秀，現在則要在優秀的領域中變得平常。」（《深夜加油站遇見蘇格拉底》187頁）

這裡又是同樣的問題：是否眞有「勇士的領域」等著我們？答案是肯定的，絕對有——但這只是一種比喩。我們可以在這個世界、這一片刻找到勇士的領域；我們不需要脫離身體出遊，或到其他象限發掘和平勇士之道。無論我們落腳何處，路就會出現在腳底下。

正如蘇格拉底所強調的，我也再次呼應，我們全是受訓中的和平勇士——即使現在也是。我們在俗世中掙扎，迎接日常生活中感情、健康、工作和財務上的挑戰，然後進化。

身爲大學明星運動員，我曾是小池子裡的一條大魚，但是一進入新的參考座標，很快就變得卑微，因爲寬闊的競技場標準更高、要求更多。在這裡，我必須放棄追求優越感，並且接受我的凡人本性。

小時候，跟年紀較長、塊頭較大的朋友在一起時，我覺得自己很渺小、比較沒本事；但是跟年紀更小的朋友玩在一起時，我覺得自己既強壯又聰明。我後來了解，即使在那個年紀，一定會有人能力較強，有人較差，拿自己跟別人相比，實在沒道理。

既然我們終歸一體，並且屬於同一性靈，因此任何優越感或自卑感都只是幻象。難道手臂應該與小腿相比嗎？難道大腦比心臟優越？

世上沒有孰優孰劣的問題。所有人在這裡，一起成長，一起進化。這是蘇格拉底會希望我傳達的觀點。

按摩骨骼

「丹，你比大多數人擅於做動作，但是你的肌肉太緊張。肌肉越緊張，動作時消耗的能量就越多。所以，你得學習如何釋放囤積已久的緊張。」……

「現在，你可以了解心智是如何對身體施加壓力。憂慮、焦灼和其他的心智殘渣經過多年的累積，形成慢性的緊張狀態，如今時候到了，你該釋放這些張力，把你的身體從往昔之中解放出來。」……

「現在，一模一樣跟著我做。」他開始把一種氣味甜香的油抹在左腳上，我模仿他的一舉一動，學他用力捏、按、戳進腳趾的底部、頂端、兩側和之間，同時伸展腳趾，壓一壓，拉一拉。「不要光是按摩皮肉，要按摩骨頭，再多按深入一點。」他說。過了半個鐘頭，我們按摩好了左腳，然後照著同樣程序按右腳。如此這般好幾個鐘頭，把全身每個部位通通按摩到。我學到有關我的肌肉、韌帶和肌腱的事情，這些都是我以前所不知道的。我感覺得到肌肉連接的地方和骨頭的形狀。（《深夜加油站遇見蘇格拉底》186、188頁）

時間一久，我們的憂慮、焦慮、牽掛、抗拒和恐懼在身體裡形成慢性的緊張。因此，目前的緊張或輕鬆狀態其實反映了往昔所累積的事件。我們不只將往昔儲存在記憶裡，也儲存在肌肉和連接的組織裡。許多心理治療系統努力將老舊的創傷和情緒衝擊從我們的心靈清除，但要將往昔從我們的身體清除，需要花更大的工夫。

我們可以將心靈療癒當作考古挖掘來處理，鏟起厚厚的殘渣。儘管挖鏟的工作引人入勝，但挖出一層後卻發現下面還有一層。倘若直接處理肉體上的問題，清除慢性累積的緊張，則可讓身體恢復年輕，回到宛如兒時的狀態，動作輕鬆敏捷，活力充沛，康復的速度也會加快。與其尋求心智的快樂，不如以更實際的方式，追求身體的快樂與平和。

自我按摩，例如蘇格拉底教我的骨骼按摩法，正是清除往昔殘渣的一種方法。我按摩自己之後，才真正認識自己到骨子裡。但說到認識身體、清除長久累積的無可避免的緊張與失衡，自我按摩只是諸多方法之一。你也可以試試有益健康的意識運動，例如瑜伽、太極拳或氣功，以這種直接活動身體的方式，將身體從往昔中解放出來，享受當下，並在沿著和平勇士之道向前行時，豐富未來。

頓悟與道

「現在，讓我來跟你聊聊什麼是頓悟，這是種禪的觀念。頓悟出現在專注於當下的時候，此時身體靈活、敏感且放鬆，情感則是開放而自由的。頓悟就是小刀飛來時，你所經驗到的事。頓悟就是勇士存在的狀態。」

「蘇格拉底，你知道，我有很多次都有這種感覺，特別是在比賽的時候。我往往因為心思太集中了，甚至聽不到掌聲。」

「是的，那就是頓悟的經驗。……帶領你進入關鍵時刻……」

「對。這說明了體操為何是一種勇士的藝術，它讓人在訓練身體的同時，學會集中心思、清空情緒，但是大部分的運動員卻沒能夠把這種清明的狀態，擴及到日常生活中。這就是你的功課了。當頓悟變成你每一天的真實，我們就平等了。頓悟是你的大門鑰匙。」（《深夜加油站遇見蘇格拉底》193、194頁）

在英文裡，「頓悟」（悟り，satori）一詞找不到確切的對應詞彙。「頓悟」指的是一種時刻，在這個時刻裡，身體、心智和情緒充分融合並協調一致，形成一個整體，而這整體大於其成分的加總。有時候，我們稱這個整體爲「精神」，也就是「這就是我們要的精神！」（That's the spirit!）所指的「精神」。

表演藝術家、世界級運動員、勇士和修持動態靜心的僧侶，都能體驗頓悟的時刻（在西方稱之爲zone，「境界」）。頭腦、心靈和身體活力和諧運作時，很容易領略到所謂的頓悟或境界。在這樣的時刻，無論是運動或做其他事，都會產生令人驚奇的結果。

蘇格拉底所關心的不是我贏得多少獎牌，而是我每天的生活是否更趨向這種統合的狀態：做動作的人消失了，剩下的只有動作和流暢的韻律。這個弔詭之處就像蘇老曾經指明的，當「我」到達這個心無旁騖的境界時，我會找到大門鑰匙——但這裡空無一人，沒有人通過大門。

不抵抗的藝術

「真正的武術教導了人不去抵抗——就像樹木迎風而彎腰那樣。這種態度遠比體能技術重要。」

蘇格拉底使出合氣道手法，不論我有多麼努力地推他、抓他、打他甚至扭住他，他都看來毫不費力地就將我撂倒。「絕對不要跟任何人或任何事物掙扎。被推的時候，要拉；被拉的時候，要推。找出自然的路徑，順勢而行，和自然的力量合為一體。」他的行動證明了他所說的話。……在體育館裡，我儘量將我所學加以應用，「任由動作發生」，而非想辦法去做動作。（《深夜加油站遇見蘇格拉底》195頁）

這個輕鬆自在、隨遇而安的態度反映出臣服、接受和不抵抗的靈性法則——不再掙扎，而是順從情勢、利用情勢並駕馭之，且從容地導引力道、能量和局面。在武術如此，在日常生活亦如此。

這種因勢利導的工夫需要練習；我們通常習慣去抵抗、憤恨、期待、挺住或僵在那裡。通常我們遇到困境時不得已只好踩煞車，轉向另一條路，就像固執的小孩得父母親硬拉著手臂才肯往前走一樣。想要養成第一關「因勢利導」的習慣，需要明確的意願，花一些時間練習才辦得到。如果我們必須游過洶湧的河水，最好不要逆流而上（我們在生活中常常這樣）；最好是讓河水載著我們，緩緩地朝彼岸游去。

合氣道、太極拳和蘇老的道地俄羅斯拳術（現在稱爲「俄羅斯格鬥武術」）等武術採用這種放鬆、自然的不抵抗方法，讓學生探索新的移動和存在方式。但是，和平勇士之道並非只能在運動場或武術道場修成正果，而是如前所述，在日常生活之中圓滿實現。

冥想的實踐

「冥想一個行動有別於從事這個行動。所謂做事，其中必定有個做這件事的人，得有個自覺的『某人』來從事這個行動。但是在冥想一個行動時，你就已經放下對結果的執念，當中再也沒有一個『你』要去做什麼。你一旦忘了自己，就變成你所做的事物，因此你的行動就自由、自動自發了，同時不再有野心、抑制或恐懼。」（《深夜加油站遇見蘇格拉底》201頁）

在德國哲學教授奧根•海瑞格（Professor Eugen Herrigel）的經典名著《箭術與禪心》（*Zen in The Art of Archery*）中，他描述自己在日本弓道學校學習箭術的情形。第一天，老師要他把箭矢射入十公尺外的草靶。海瑞格教授在德國教亞洲研究課程，已經有箭術底子，於是他興致勃勃地上弓、瞄準，最後看著箭矢正中靶心。他得意洋洋轉過身來，卻看見師父搖頭，面露不悅之色。

對海瑞格和他所受的外在、目標導向的訓練而言，師父的反應不合情理。經過幾個月的學習之後，海瑞格才漸漸理解，「弓道」的目標不僅止於外在表現，還包括頓悟的內在狀態，也就是無我的射箭，並沒有個別的射手執行射箭的動作——只有弓、箭、拉弓動作和箭矢飛出。以西方說法來解釋，身體執行射箭的動作時，並沒有感覺「我」在控制。

經過將近一年的修習之後，有一天海瑞格立定站好、放緩呼吸、張弓架箭，然後箭矢飛出——射入草靶的邊緣。師父大喊：「這就對了！」這時海瑞格才領悟到剛剛發生的事情——他做了一個無我、自然的動作，不帶恐懼、執念或野心。沒有人成功，沒有人失敗；沒有嘉獎，沒有責備。

後來海瑞格找到機會發問：「師父，我終於了解整個訓練的內在目的了。但是，射得準不是也很重要嗎？」

師父拿弓站好，面向箭靶，命令：「關燈！」海瑞格遵命。在一片黑暗之中，他聽到箭矢咻的一聲射出中靶，接著又聽到第二聲。師父說：「開燈！」

等到眼睛適應光線之後，他看到兩支箭正中靶心——在黑暗中，第二支箭幾乎將第一支射裂。他後來才知道，他的禪箭師父創下了連續射中靶心一千兩百次的紀錄。這是冥想的實踐。

當自我沒有主導一切時，一切仍然繼續發生——甚至你會發現進行得更有效。如果我們冥想吃飯、走路、說話等所有日常動作，讓這些動作全部自動自發地自然產生，沒有一個做動作的人緊張兮兮想掌控全局時，我們的生活品質會呈現何種光景呢？這種無我的動作，就是禪師提出「即使活著，彷彿死去」建議時的本意。

我花了相當長的時間才做到蘇格拉底的這項核心教誨——鬆開緊握的手、擺脫我自己的方法，然後在每一片刻死去，這樣我才是真正活著。

現實的提醒

「但是門規揭露出一件事：你可以控制你的努力，卻無法左右結果。盡你所能，其他的就交給上蒼。」（《深夜加油站遇見蘇格拉底》202頁）

面臨生命無可避免的變化及麻煩時，造成焦慮和沮喪的主因，是我們不了解什麼是自己能控制、什麼又是不能控制的。

能控制的，大概就只有自己的行為。除非身患殘疾，否則我們可以命令自己說好話、綁鞋帶，以及其他許多舉止。

我們可以運用各種技巧轉移情緒和思緒（在某些情況可能管用），但沒辦法一直命令自己抑止負面思考或惱人情緒。不過，思緒和感覺都會結束，所以你可以將它當作蜜蜂在附近花叢發出的嗡嗡聲音，然後由它去吧。

對於生滅無法控制的思緒情緒，我們不需負責；但是，對自己的行為，我們

「必須」負責。不管童年過得如何，或當時心情如何，都是同樣的。

我們可以控制自己的努力，但無法左右結果。不管我們多賣力，還是不能保證球會進洞、一定會發現愛或事業成功。然而透過努力，我們提升了達成目標的可能性。誠如籃球大帝麥可・喬丹（Michael Jordan）所言：「不投籃，你的命中率是零。」既然努力是唯一能控制的事，我們所下的工夫，本身就代表和平勇士道路上的成功時刻。

關於第六章

超乎心智的喜樂

除當下的一瞬以外無他，一瞬、一瞬的重迭，就是一生。了悟此瞬之時，別無可為，亦別無可求。

——山本常朝（Yamamoto Tsunetomo，日本江戶時代武士）

重遊兒時場景

「哦，是的。你曾經沐浴在光明之中，曾經在最簡單的事物中找到喜樂。」說完，他雙手抱住我的腦袋，送我回到嬰兒時代。

我爬在磁磚地板上，雙眼睜得老大，專注凝視我雙手底下的形體和色彩。我碰一塊地毯，地毯也碰碰我。萬事萬物都明亮而有生氣。

我的一隻小手抓著一根調羹，敲打著杯子。叮叮噹噹的聲音，聽來好悅耳，我使勁叫嚷！接著我抬頭，看到在我上方飄揚的裙子，我被抱起來，發出咕嚕咕嚕的聲音。我沐浴在母親的香氣中，全身放鬆地躺在她懷裡，心中洋溢幸福的感覺。

過了一段時間以後，我爬進花園裡，沁涼的空氣拂過我的臉龐。五顏六色的花朵高聳在我四周，我被新的氣味所圍繞。我摘下一朵花，咬了一口，嘴裡一陣苦味，我把花吐出來。

母親來了。我伸出手，給她看在我手上動來動去的那個黑玩意，它正搔我的癢。她伸出手，掃開那東西。「討厭的蜘蛛！」她說，然後拿著一個軟軟的東西輕拂我的臉，它在對我的鼻子講話呢。「玫瑰。」她說，接著又發出同樣的聲音，「玫瑰。」我抬頭看她，再看看周圍，隨即又飄進芳香四溢、色彩繽紛的世界中。

我醒來時，正面朝下趴在蘇格拉底的黃色地毯上。我抬頭，凝視著他的橡木老書桌的桌腳，可是眼前此刻，一切似乎都朦朦朧朧的。「蘇格拉底，我覺得自己半睡半醒，好像需要把頭浸在冷水裡，才能清醒過來。你確定剛才這趟旅程沒有對我造成傷害嗎？」

「丹，沒有。傷害是多年以來造成的，你馬上就會看到造成傷害的方式。」

「那個地方……好像伊甸園。」……

每個嬰兒都活在明亮的花園中，在那兒直接了當地感受一切，不受任何思緒的欺瞞——沒有信念，沒有詮釋，而且不下判斷。

「你開始思考，開始替事物命名並知曉事情時，就『墮落』了。……

「可是如今你得知每樣東西的名字，還把它們分類：『那個好，那個不好，那是張桌子，那是把椅子，那是輛車子、是間房子、是朵花、是狗、貓、雞、男人、女人、日出、海洋、星星。』」（《深夜加油站遇見蘇格拉底》208、209、210頁）

在遇到蘇格拉底之前，我從來沒有眞正了解《聖經》裡耶穌所說的「你們若不回轉，變成小孩子的樣式，斷不得進天國」這句話。現在我們大都了解「天國」就在心中，而《聖經》這段話指的是，在被成人的複雜過濾器包覆之前，孩童的知覺比較清明，因此嬰幼兒具備類似禪師的某些特質，但兩者之間有個重大差異：嬰兒尚未發展出自我；禪師已經超越自我。

幼時在清澈、明亮、還沒變遲鈍的認知下看到花園，長大後墮入了標籤、意義和信念的世界，直接認知受到矇蔽——這段舊地重遊的經歷是刻意加入的，爲的是讓讀者了解這情形在所有人身上都會發生。

試想嬰兒是如何睜大眼睛凝視奧祕。他們不知道什麼是什麼，他們心中沒有意義，沒有意見，沒有詮釋，沒有期待，也沒有判斷。嬰兒體驗每件事物現有的樣子，直到父母親爲他們詮釋事物的意義，例如「討厭的蜘蛛！」爲止。有些詮釋是社會化過程和生存之必要，例如教孩子過馬路時一定要看車。

即使如此，到了十歲，孩子看世界時已不再看見它原有的樣子。因此，和平勇士的訓練（更確切的說法爲「解除程式」）包括客觀地觀察將我們從環境隔開的認知過濾器。一旦偵測到自己的世界之窗上面出現扭曲及「污垢」，不妨「清潔一下」，重新喚起清澈、鮮明的認知力，重返純潔和坦率，猶如我在靈視中回到童年的情景。

勇士富有之道

照慣例，他的回答令我震驚。「丹，說實話，我蠻富有的，人一定要變得富有才會快樂。」他看到我呆若木雞的表情，微微一笑，從桌上拿起一支筆，在一張乾淨的白紙上寫下：

快樂＝滿足÷欲望

「只要你有足夠的錢來滿足你所有的欲望，你就是富有的。因此，有兩個辦法可以讓人變得富有：一種是，賺取、繼承、借貸、乞討甚至是偷竊足夠的錢來滿足你所有的欲望；另一種是，清心寡欲，生活簡單，如此一來，你永遠都會擁有足夠的錢。

「和平勇士有洞見和戒律，因而得以選擇簡單的生活——得以明白需求跟欲求之間的不同。我們只有很少的基本需求，卻有無窮盡的欲求。全神貫注於每一時刻，就是我的喜樂。全神貫注用不著花錢，你唯一的投資是修練。……要知道，快樂的祕密並不在於尋求更多想要的，而是在於培養少欲的能力。」（《深夜加油站遇見蘇格拉底》212、213頁）

「想要」與「需要」兩者差別甚大。這道理本身不算激進，但是實踐這道理所牽涉的層面相當深遠，因爲取得、佔有和累積的行爲深受一個人的自我所支配。對許多人而言，購買「新東西」既是消遣，也是愛好。選購新房子、車子、小工具、鞋子或衣物的過程多麼刺激啊。商業交易並無不妥——在流動經濟中，無數人購買和販賣。但如果購物上了癮、又分不清欲求和需求時，就會產生問題。

我們需要基本的庇護所、食物和水。如果擁有營養的食物、水和居所（以及健康的環境），那麼我們就擁有所需的一切，其他事物都是多餘的。我們許多人很幸運，住在已開發國家，並在維持基本生計之外創造某種程度的富裕，因此得以享受豐衣足食、年年有餘的生活。祝福這些人！祝福大家！我們不必嫉妒別人有閒暇娛樂，也不用羨慕他們有舒適的車子或游泳池，他們可以盡情享受！但是，不可以把多餘之物與必需品搞混。

有些人滿足於簡單的生活，而有些人雖然腰纏萬貫，卻依然渴望追求更多經驗，擁有更多東西。有些人擁有的東西不多，但朋友和家人的愛豐富了他的生活。養成簡樸習慣、看破累積財物的虛幻承諾之後，我們就能如伊斯蘭教蘇菲派聖賢所言，「置身世界之中，但不成爲世界的一部分。」

我們對於世界的看法，會因爲我們的處境不同而改變。儘管有些人嚮往簡單的生活方式，但我們的欲求會隨著居住的地方、結婚與否或有無小孩（我們希望他們可以接受優質教育）等因素而改變。於是，我們買了房子要繳貸款，要付水電費、醫療費和保險費，還要應付現實生活的其他問題。

年輕時生活所需不多，因此極簡、只取基本需求的生活方式很適合我。後來喬依和我租過一些小公寓，但時間一久，家裡添了人口，我們的生活方式隨之改變。我們以前會從慈善二手商店買舊沙發來坐，從圖書館借書來看，或將小電視機放在裝蘋果的木箱上，就這樣看電視。後來換了一台較大的電視機，移到家庭健身房。我們的女兒現在都從大學畢業了。總有一天，喬依和我又會縮小生活規模並且一切從簡——這都是人生來去一場、社會生活節奏、欲求與需求不斷變遷的一部分。

擁有財產和命運更迭並不會替「快樂」加分或扣分，但它們卻是生命的要素，以及和平勇士之道的一個面向。

我要以一個小故事總結這段對物質財富的評論。一名年輕的記者到波蘭出差，準備訪問一位德高望重的拉比（猶太教教士）。他進入拉比的宿舍，看到房內陳設簡單，只擺了一張行軍床、一個書架和一張小書桌。記者不禁問道：「拉比，您的家具呢？」

「這個嘛，我也想問你，你的家具在哪裡？」拉比回答。

「我的家具？」記者一頭霧水，「這個……我只是過客……」

「我也是。」拉比如是說，「我也是。」

回到當下時刻

「你唯一所能確知的事情就是，你在這裡，不管這個這裡究竟是在何方。從今以後，只要你的注意力開始飄到別的時空去，你就得給我馬上回來。記住，時間就是當下這一刻，地方就是這裡。」……

「你做什麼都無法改變過去種種，而未來種種又永遠不會完全如你所期望。從來就沒有過去的勇士，也不會有未來的勇士，勇士活在當下、這裡！你的悲傷、你的恐懼和憤怒、遺憾和內疚、你的羨慕、計畫和渴望，只存活於過去或未來之中。

「蘇格拉底，稍等一下。我清楚記得自己曾在當下的時刻生氣過。」

「並非如此。」他說，「你的意思是，你在當下那一刻表現得很生氣。行動總是在現在這一刻發生，因為行動是身體的一種表達方式，只能存在於當下這裡。但是心智卻如幽靈，只活在過去或未來，它唯一的力量就是，轉移你對當下這一刻的注意力。」……

「只管專注於當下就行了，這能使你得到解脫，免於痛苦、免於恐懼。」

（《深夜加油站遇見蘇格拉底》214、216、217、220頁）

如果《深夜加油站遇見蘇格拉底》有什麼主要的教誨，一再重複的主題，歸根究底就是：當下時刻，也就是現實時刻。這讓我想起有次一名高中生告訴我，他不能參加工作坊，問我可否給他一句簡短的忠告。我回答：「當下、在這裡，呼吸和放鬆。」如果這個年輕人應用和修練這幾個字背後的原則——如果他將這幾個字當成生命的中心焦點——就沒有其他的東西需要學了。

在當下此刻，我們只有一件事情要做，只有一個地方可以待。

我們當然可以回想過去的記憶，或爲將來打算。但是最好不要太依賴我們的計畫，因爲計畫自有變化。事實上，誠如俗語所言：「如果你想上帝大笑，不妨將你的計畫告訴上帝。」

我們大部分的不滿意和失望，都來自對過去或未來的種種心緒。我們可能會被過去或未來淹沒（例如在天亮前醒來，想到多年前的創傷，或是這一天該做多少事情），但是我們永遠有辦法處理當下擺在眼前的事情。我們只能控制當下時刻的所作所爲，所以，當下時刻的品質就是生命的品質。

人生牽涉到許多責任。但是，當你記得「一次只能做一件事」時，生命變得徹底地簡單。只要注意這一點，一切都沒問題。

簡短扼要的謀職建議

我完成了大學教育。

我帶了新鮮蘋果汁到加油站，和蘇格拉底一起慶祝。我們坐著啜飲果汁時，我的思緒又飄進未來。

「你在哪裡？」蘇格拉底問，「現在是什麼時候？」

「我在這裡，在當下。但是我目前的現實狀況是，我需要找份職業，有沒有建議？」

「有的，想做什麼就去做什麼。隨心所欲，相信你的本能。」

「聽起來不是很有幫助喔。」

「你做什麼並不重要，重要的是，做得有多好。」（《深夜加油站遇見蘇格拉底》221、222頁）

蘇老給我的謀職建議中，結尾那句話困擾我很久。這句話的意思就像是：「不管你跟什麼對象結婚，只要結下去就好了。」但由於人們各有各的價值觀、才能和興趣，至少從一般人的角度來看，選擇什麼職業或伴侶，「眞的」很重要。事實上，找工作和尋覓伴侶可能是這輩子最重要的抉擇，值得下許多工夫深思。

然而我覺得蘇格拉底想強調的是，最重要的一點並非著魔似地尋找完美的工作或伴侶，而是做出選擇，然後全心投入（包括感情）。

從宇宙的觀點來看（這是蘇老平常看事的角度），很少事情是像我們認爲的那麼嚴重。因此，無論我們選擇什麼，都有益處，一切都是日常生活的「道場」

所提供的和平勇士訓練之一。

無論如何，大部分人能從自省和實驗中獲益（尤其是在十幾、二十歲時），讓我們做好準備，可以從事最符合自身興趣和才能的工作，也就是我們覺得有意義、令自己滿足的工作。

但工作不一定讓人產生滿足感。我父親剛成年時碰上經濟大蕭條，當時男性必須離鄉尋找任何能養家活口的工作。他們的工作不需要有意義，只要能賺錢就好。不過時至今日，有意義的工作似乎值得下工夫去找，因爲過程中需要檢視自我、了解自我，並且必須面對內心的疑惑，思考自己願意付出什麼來達成目標。

說到底，還是追求品質、做好工作最重要。幾年前在日本，我在等候開往京都的火車時，看到一位小個子的中年男子在月台上，小心翼翼擦亮一整排扶手的金屬立杆。這扶手大概有幾百根杆子，每根都亮晶晶，他每擦一根杆子大約要花整整一分鐘。我覺得我看見了一位禪師，他了解最重要的不是做什麼，而是做得有多好。我們尋找的滿足就在其中。

蘇格拉底盡他所能做一個最優秀的加油站技工，並且從中找到意義和滿足。自從和他在一起之後，無論我做什麼工作或服務，我都盡力而爲，效法他的榜樣。

〔關於第三部〕

莫名其妙的快樂

年紀越大，越能體會仁慈是快樂的同義詞。

——里昂．巴里摩爾（Lionel Barrymore，美國知名演員）

關於第七章

最終的追尋

我們走遍天下，尋找所需之物，卻在回家之後找到。
——喬治・摩爾（George Moore，英國哲學家）

什麼是弱？什麼是強？

不論我們看來有多堅強，我們每個人都有隱藏起來的弱點，這個弱點說不定就是我們的致命傷。以下是門規：每一種力量都有對應的弱點，每一個弱點都有對應的力量。（《深夜加油站遇見蘇格拉底》232頁）

我們都有優點和弱點、缺陷和美德。蘇格拉底向我解釋，心臟是他的弱點之一。我很難接受這個事實（我們很容易將力量與完美投射在所景仰的對象身上，並將他們奉上神壇來膜拜；但只要發現一項缺陷，就立刻將他們從高臺拉下！）

即使是最受景仰的靈性導師也有肉身、衝動、怪癖、小缺點和弱點。每個人內心都有智者和愚者，正等著輪番上陣。根據我的經驗，天賦異稟的人或優秀菁英身上，也存在著勢均力敵的弱點。至於身有殘疾、行動不便的人，則通常發展出足以彌補缺陷的長處及其他令人欽佩的特質。

我們最大的優點和最深刻的弱點可能會隱藏一段時間——直到被嚴酷逆境或強大需求喚醒。蘇格拉底讓我的缺點和最深處的才華原形畢露。老師或指導員可以擔負這項任務，但不是一直有這個必要，因爲我們順著人生的山徑往上走時，生活終將喚起內心的勇氣和愛。

勇氣與愛

「你尚未向人生、向每一分每一秒完完全全地敞開你的心。所謂的和平勇士之道並不是說，人在面對世界、生命和你所感覺到的『靈』的時候，好像可以身披鐵甲金冑，刀槍不入；而是徹底的脆弱、與容易受到傷害。……勇士的生命與想像中的完美或勝利無關，而與愛有關。愛就是勇士的劍，劍揮向哪裡，就把生命，而非死亡帶到那裡。」

「蘇格拉底，請告訴我有關愛的事，我好想了解。」

「愛並不是需要了解的事，愛只能體會。」（《深夜加油站遇見蘇格拉底》232-233頁）

我們想像中的勇士，通常是身披鐵甲，手持金盾，不畏世間石塊和箭矢的攻擊。但對追求平和之心與勇士精神的人而言，人生並不是要躲藏在甲冑之後，蓄勢待發，準備在任何一丁點挑釁出現時挺身自衛。相反地，和平勇士之道呼喚我們敞開胸懷，要像小孩一樣透明純潔和柔弱。這也許是最偉大的力量之一。合氣道開山鼻祖植芝盛平（Morehei Ueshiba）曾說：「合氣道所向披靡，蓋無所爭是也。」

道家也提出以柔克剛的道理。智者像幼苗一樣，在受到壓力時彎腰，並在欣然接納批評之後才說出肺腑之言：「沒錯，你的見解很好——這是另一種看法。」只要保持柔軟、開放、透明和柔弱的心態——在這一刻讓步，在下一刻站穩腳步，很少有不能完成的事情。

接著來看蘇老對於愛的說明。他提醒我們，愛不能了解，只能體會。我曾經試著了解愛，但就像給十四行詩開根號一樣困難。即使到了今天，愛仍然是個難解之謎。我花了好多年的時間才體會到，勇士之愛不僅僅是感覺，而是一種行動。我無法命令自己時時刻刻都充滿愛（或感激或仁慈），但是我可以表現出慈愛的行爲。

因此，將愛帶入人間不用等到合適的心情或情感湧現，只要你願意，就可喚起從容、寬宏的慷慨行爲。

熱情生活，以身作則

「最好是好好活著，直到一死。」他說，「我是勇士，因此我的人生道路就是行動。我是師父，所以必須以身作則。有朝一日，你也可能會像我教導你這樣的教別人——到時候，你就會了解為什麼言教是不夠的。你也必須以身作則，把你從經驗中體會到的一切，傳授給別人。」（《深夜加油站遇見蘇格拉底》233、234頁）

蘇格拉底「好好活著，直到一死」這項建議似乎是不言而喻，因爲我們只能這樣做，別無選擇。但蘇老的意思並不是要我們只是活著等待生命結束；他指的是活得充實，用心注意和感受，彷彿每個片刻——親人的每個碰觸、每回品嚐食物滋味或每看一眼夕陽，都是我們的最後時光。

接著蘇老轉移到以身作則的話題：我們傳授的不只是言教，而是「整個人」。蘇格拉底和同名的古希臘哲人一樣，用字遣詞既小心又莊重，但他影響我最強烈的是其待人處世之道——他的動作、言談和舉止帶著勇氣和慈悲。

蘇格拉底樹立的榜樣，成了我嚮往的目標。他證明生活有可能依循高尙的路徑前進，這境界勝過我先前所走的路徑。

我現在了解，我在書裡所寫的所有文字，以及我在演講、座談會和工作坊中所說的所有內容，比不上我每天待人接物所表現的行爲。這一點適用於所有人，因爲我們一起走在個人成長的蜿蜒之路上。

最偉大的力量

「我還想指望你永遠不會對力量著迷呢……好的，你想知道什麼？」

「嗯，首先，預言未來。你有時似乎有預言能力。」

「預言未來是基於對當下現實的認知，除非你已經可以看清當下，否則別對預知未來這回事有興趣。」……

「特別的力量的確存在。可是對勇士來講，凡此種種都是不相干的事，別受華而不實的事物所矇騙，勇士所能仰賴的，只有愛、仁慈與服務的力量——還有快樂的力量。你無法得到快樂，而是快樂得到你，可是，只有在你放棄其他一切以後，快樂才會上門來。」

（《深夜加油站遇見蘇格拉底》235、236頁）

在半空飄浮、超感知覺或靈魂出體這些超能力，讓喜歡奇想的人著迷，彷彿如此就有別於凡胎俗骨、泛泛之輩。有人說這種超能力源於苦行和淨化，有人說必須透過祕密教學和特殊技巧，例如專心冥想的程度足夠、採用特殊呼吸法或做出幾個瑜伽姿勢，就能獲得這些超能力。然而，就算我們可以培養出超能力，難道這些力量能讓快樂持久？

我必須承認，超乎平凡的能力的確具有某種吸引力。我小時候第一次看到《小飛俠》話劇後，一心只想在天空盡情飛翔！我一直想，如果能找到小精靈的金粉、如果能製造夠多的快樂想法該有多好——但我只能勉強成爲世界彈簧床冠軍，並且發現，任何在地球上飛起的東西終將落地。

毫無疑問地，我們可以改善本能，使直覺更加銳利；透過健康的修練，激發更多活力，享受更年輕、柔軟和放鬆的身體。我們和融入世界的聖靈交流時，肯定能體驗更多眞知灼見、明心見性和平靜的時刻。因此，「下工夫」的確能帶來實質的好處。倒不是因爲我們發現新的天地，而是因爲發展出不同的眼光。

蘇格拉底將超能力的問題擺到一邊，回到快樂的話題。他以「心急水不沸」來比喻快樂。誠如美國作家梭羅（Hehry David Thoreau）寫道：「快樂猶如蝴蝶：你越追，牠越躲。但如果你將注意力轉移到其他事物，牠就會飛到你身邊，輕輕坐在你的肩膀上。」

蕭伯納說的一席話或許最能詮釋蘇老對快樂的態度：「別管喜歡和不喜歡；

它們無足輕重。只管做必須做的事。這也許不是快樂，卻是偉大。」

這番話和其他雋語一樣，反映了和平勇士之道的精髓。

道本身創造勇士

「勇士不是你可以變成的事物。你眼前這一刻，要嘛是勇士，要嘛不是。道本身創造勇士。（《深夜加油站遇見蘇格拉底》236、237頁）

烏拉圭小說家璜・卡洛斯・歐內提（Juan Carlos Onetti）說：「在寫作的時間之外，我不是作家。」這道理放在我們做的所有事上都行得通。在高爾夫球場打球的醫師就是球員，不是醫師（除非突然有人需要醫師）。我們在當下做什麼，我們就是什麼。

因此我們無法努力在未來成爲和平勇士。若非在當下此刻表現出勇士的行爲，就是沒有表現。有些時候我的行動反映了勇士精神，有些時候沒有。如果有什麼地方讓我們與衆不同，應該就是在生活中出現較多這樣的時刻。

生命視其所需而發展；道本身創造勇士。

日常生活是一種精神上的重量訓練，意在增強我們的精神。因此，當道路變得崎嶇不平時，應該捲起衣袖，並記住困難就是磨練，你可以選擇做一個受訓中的勇士，直接面對困難。

現在就快樂

不知怎的，這令我聯想起自己的死亡，還有蘇格拉底曾經設法告訴過我的事情。他的話語和手勢一點一滴重現在我腦海，就好像我用來搭城堡的小樹枝，四散漂浮在淺淺的碎浪中：「丹尼，想想你不知不覺流逝的時光，有一天你將會發覺，死亡和你想像的不同，不過，人生也與你想像的不同。死亡也好，人生也好，都可能很奇妙，充滿著變化；但是，倘若你不醒過來，兩者都可能令人大失所望。」……

「醒過來！如果你知道自己得了絕症，如果你沒剩多少日子可以活，那麼你就不會浪費一絲一毫寶貴的時間！嗯，丹，我告訴你，你的確得了絕症，它叫做出生。你沒剩幾年可活了，大家都一樣！所以，現在就給我快樂起來，沒有理由的快樂，否則你一輩子都不會快樂。」（《深夜加油站遇見蘇格拉底》241、242頁）

蘇老所建議的「現在就給我快樂起來，沒有理由的快樂」可能是《深夜加油站遇見蘇格拉底》中最少人理解的教誨。這是因爲在內心深處，促使我們朝物質、心理和靈性領域尋尋覓覓的原動力，是人類「趨樂避苦」的天性。有了這層了解之後，我們的心智自動將「快樂起來」翻譯成「感覺快樂」。

如果「感覺快樂」就是蘇格拉底的意思，那麼這建議根本行不通。如果光是「命令」自己快樂起來就可以感覺快樂，那我們只要一直這麼做就行了，一切到此結束。只需將自己調整到感覺快樂的狀態，然後從此逍遙自在。

但就如我先前所說的，感覺會不斷改變，而且不受意志控制。我們可能在任何時刻想起愉快的事，覺得一陣狂喜，但這感覺很快就會消逝。此外，如果因爲遭開除、破產或失戀而陷入愁雲慘霧，此時命令自己感覺快樂不大可能行得通。

你現在可以了解蘇格拉底是在建議我們「做出快樂的樣子」，因爲這是可以控制的行為。你可以命令自己微笑；我們的舉止、動作和呼吸都能顯示出快樂的樣子。無論實際的情緒狀態如何變動，我們可以讓感覺自然發生，繼續生活，散發能量到世間，然後進入當下。這項修練非常困難，但還是有可能。這就是蘇老建議我做的事，也是我給你的建議——而我也時時刻刻盡全力實踐這一點。

但是，在我們不覺得快樂時做出快樂的樣子，這不就只是一種偽裝嗎？是的，這是偽裝——就像嚇得魂不附體的士兵扛起受傷同袍，穿越槍林彈雨返回基地時，「假裝」自己很勇敢；就像害羞的少女穿過舞池向心儀之人邀舞時，「假裝」自信滿滿。

我不在乎人們感覺勇敢、有活力、自信、感激、憐憫、仁慈或有愛心；我只在乎他們是否「做出」那些樣子。這就是為什麼蘇格拉底會建議「沒有理由的快樂」。而我在此也提出同樣的建議。

何謂開悟？

「開悟並不是一種成就，而是一種體會。你醒來時，一切都改變了，同時又什麼也沒有改變。一個盲人體認到他看得見，難道這世界曾有所變嗎？」

見山是山，見水是水

見山不是山，見水不是水，

見山又是山，見水又是水。（《深夜加油站遇見蘇格拉底》244頁）

很多人聽過或讀過突然戲劇性開悟的故事，彷彿開悟就像打開電燈開關似的。我認為開悟通常比較像漸漸調整亮度旋鈕，先是調亮，接著調暗，然後又調亮——往前走兩步，然後往後退一步。時間一久，會有越來越多的亮光注入心靈和心智。

開悟之後，我們依然需要清除垃圾、清洗衣物。靈性導師拉姆•達斯（Ram Dass）曾說：「我們可以漂浮在宇宙喜悅之中，但仍然有責任記住我們的郵遞區號。」生活中感覺、思緒和社交瑣事依然紛至沓來，但有了不同的世界觀就足以扭轉乾坤。

當我逼問蘇格拉底開悟的定義時，他說：「那就給你一個定義：想像你在喜悅的山頂和悲傷的谷底之間，以光速來回往返。」接著他轉身離開。他背對我，我猜他的臉上掛著一絲微笑。

在靈光乍現的時刻，難題依然存在，但你與難題之間的關係已經不同。難題不再占據重要位置，它們不過是自然出現的挑戰，就像倒在山路中的樹木一樣──跨越之後，我們就嗅嗅空氣、深呼吸，發現葉隙灑下閃爍的陽光。我們的注意力甦醒了，以前只見到心智裡紛亂的漩渦，但如今在同一處，我們看見美。現在，我們在小小的善舉之中發現恩典，並盡情享受這一生、這世界以及所處的任何境遇。我們的眼光專注於大局；既神遊太虛，也腳踏實地。當下此刻可能是碩果僅存的一刻。但是，當下此刻已經足夠了。

鑰匙圈上的最後一支鑰匙

整整的八年似乎都白費了。這會兒，我坐在台階上，視線越過底下的城市，凝望著遠山，然後突然之間，我的注意力集中了，山開始浮現一抹柔光。就在這一剎那，我知道自己應該做什麼。（《深夜加油站遇見蘇格拉底》247頁）

有一句英文諺語這麼說：「有時候，就是一定要鑰匙圈上的最後一支鑰匙才開得了門。」我在漫長的追尋過程中，必須時時提醒自己這個原則。蘇格拉底了解箇中弔詭之處：我需要先向外尋找，才能發現我要找的自始至終存在我心——我總是先找遍其他地方，最後才注意到身邊的顯眼之處。兜了一大圈，結果回到起步的原點。我們最後落腳在同一個地方，但今非昔比：我們已經走完旅程，並且探索了沿途景物。

心情跌入谷底之後，從此向上攀升，這是一定的道理。有時候，我們必須先經過黑暗，才能看見光明。當時我坐在台階上，覺得無處可去，無事可做，於是我凝視遠山。剎那間，視野變清楚了，心也明白了。感覺上，我所有的旅行只是讓我為了那一刻做好準備。

許多人就寢時心事重重、猶豫不決、心煩意亂。然後決定不想了，向上天祈禱不再困惑，或終於睡著了。到了清晨，新的一天又開始，充滿契機，我們忽然明白應該怎麼做。路可能不好走，但是很清楚。

我住的鄉鎮有一條南北向的主要幹道。這條公路經過一山又一山，整條路起起伏伏。我得走到最高點，視線才會豁然開朗，看得到下一座山的景色。人生就像這些高低起伏的山丘。當一切模糊不清時，可能不是下決定的好時機，這意味著尚未抵達山路的最高點。這時必須耐心等待，直到視線開朗爲止，那一刻一定會出現。

如果能夠等到需要做決定的時刻，例如抵達山頂，表示行動的時刻來臨，就能做出較明確的決定。否則就像過馬路時明明離路口還很遠，卻已經在想要用哪隻腳踏上斑馬線。

我需要行遍天下，才能帶著宏觀的視野回家，觀照人生的下一步——不管是高聳的峻嶺，還是沿途等待著我的死亡與重生。

關於第八章

大門敞開

切勿等待他人的教誨、經典的文字、啟示的法則。我們朝生暮死；昨日所見，今日已不復存。

——羅希・克約希德（Roshi Bodhin Kjolhede，美國禪師）

盡失一切，獲得一切

「蘇格拉底，我沒有什麼可以貢獻給你，我仍然迷失……我讓你失望了，生命也讓我失望，生命打破了我的心。」

他喜形於色。「對啦！丹，你的心被打破了，破了以後裂開來，露出大門，它正在裡頭閃閃發亮呢。只有那裡，你沒去找過，笨蛋，張開眼睛吧，你就差一步啦！」（《深夜加油站遇見蘇格拉底》249頁）

有時候，我們必須跌倒，才能再站起來——必須先臣服才能勝利，先放下才能掌握，允許自己被擊碎成片片，最後才能癒合。

當我們與外界隔絕、受到保護，過著安逸生活時，我們沒有改變的動機。這正可解釋古諺：「上帝撫慰不安的人，而使安逸的人不安。」以及俗語：「天搖地動時我們仰望上蒼，這才發現正是天地不仁，以萬物爲芻狗。」當生活變動、損失慘重時，我們學會信仰和忍耐。

絕處創造新生，因爲我們不得不提出更大的疑問，並尋找更偉大的眞理。因此，當我不明究理，只因爲相信應該去一趟而跑到山上時，竟發現蘇格拉底在山上等我。原本我擔心這次又鑽進另一個死胡同，結果卻有了新的開始——那正是多年來尋尋覓覓的重生機會。

快樂即道

「你曾讓我看到追尋是徒勞無益的，可是和平勇士之道不也是一條路徑，不也是一種追尋嗎？」……

「打從一開始，我就對你指出和平勇士的道路，而不是走向和平勇士的途徑。你只要沿著這條路走，就是位和平勇士。過去八年中，你放棄了你的『勇士身份』，好去追尋這條路，但是這條路就是當下；它一直都在。」

「那我現在該怎麼做呢？我該何去何從？」

「誰在乎呀？……渴望一旦得到滿足，傻子就會很『快樂』；而勇士卻會莫名其妙、毫無理由地感到快樂。因此，快樂是最終極的戒律——比我教過你的其他戒律都還要重要。快樂並不是你感覺到的一種事物……」

「感覺是會改變的，有時悲哀，有時愉快。不過請記得，在這種種的感覺底下，你眼前展開的這個人生，它的本質是圓滿的。這就是莫名其妙的快樂之奧祕。」（《深夜加油站遇見蘇格拉底》250、251頁）

對於這段摘述，我沒有附上額外的讀後心得，其實無須任何贅述。我將這段文字納入本書只是想再次強調蘇老最重要的教誨之一。

洞穴寓言

不久，營火噼啪作響，火焰吞噬著木柴，我們的身體在面前的洞壁上投射出怪異、扭曲的影子，狂野地跳著舞。

蘇格拉底指著影子，說：「洞穴裡的這些影子是一種根本的影像，映照出幻象和真實、痛苦和快樂。柏拉圖宣揚過一個古老的故事：

「以前有一個民族，終生都住在幻象洞穴裡。數代之後，他們逐漸以為自己投射在洞壁上的影子，就是真實的實體。只有神話和宗教故事才能述說較明亮的可能性。

這個民族執迷於影子的閃動變化，越來越習慣並受制於黑暗的真實。」……

「古往今來，都不乏有福的例外人士，未受制於洞穴。有些人厭倦了影戲，產生疑竇，不管影子竄得有多高，都不再能令他們滿足。他們成為追尋光明的人，其中少數幸運兒找到嚮導，嚮導指點了他們，帶領著他們走出幻象，走進陽光中。」（《深夜加油站遇見蘇格拉底》253、254頁）

這個洞穴寓言，堪稱最令人印象深刻的開悟比喻。在故事中，沉睡者所相信的如夢影戲，跟我們步出洞穴、走入嶄新光明實境後所見的陽光與色彩世界，正是強烈對比。

柏拉圖的著作，揭示了古代哲人蘇格拉底一生的行跡與教誨。我的導師分享柏拉圖給世人的這份禮物，可說恰到好處。柏拉圖的洞穴寓言啓發了世世代代的人們，告訴我們生命依舊是一場影戲，但我們會堅持找到指引回家的明光。

重獲新生

很久以前活過的那位丹．米爾曼，永遠消失了，生命只是轉瞬一刻。但是我在歷經所有的時代以後，卻始終不變。如今，我是我自己，是觀察萬事萬物的意識，我就是萬事萬物。我各別的每個部分永遠會持續下去，永遠在改變，永遠新鮮。

如今，我領悟到那死神——丹．米爾曼所如此畏懼的那個死神——不過是他的一個大幻象。因此他的生命也不過是幻象，是個難題，充其量只是意識忘形時的一樁滑稽事件。

丹活著時，並沒有通過那扇大門，並沒有體會到自己真實的本性；他單獨一人活在終將一死的人生與恐懼中。

可是，我知道。……

我微笑著，躺在洞穴的地上。我坐起來，倚靠著岩壁，望著那一片漆黑，我感到迷惑，卻並不害怕。

我的眼睛開始適應黑暗，看到有個白髮男人坐在近處，對我微笑。這時，彷彿從千萬年前的時空中，一切又都回來了，我回歸到我終將腐朽的肉身，這令人一時悲從中來，但我隨即領悟到，這也無關緊要，一切都無關緊要！

我覺得這件事很好笑，每件事都很好笑，於是大笑起來。（《深夜加油站遇見蘇格拉底》256、257頁）

這是經歷過自我死亡的靈視及重生之後，我充滿狂喜的見證。許多在手術台上死去又轉醒的人，之後都對生死產生新的看法。我就像他們一樣。我明確地了解到，過去那些年來，我太過執著於丹・米爾曼的角色，而這角色的本質卻如此虛幻不實。從此以後，我再也不把「丹」看得這麼重，也不再覺得有必要捍衛丹的自我形象。

我終於了解，覺察力是「我」，它的確爲名叫丹的身心注入生命，但是眞正的「我」無窮無盡。在這理解之中，我找到不朽，即使我知道「丹・米爾曼」將在永恆之手的彈指間快速消逝。

這個超凡的靈視經驗在日常生活的世界中，毫無實用價值。它並不會讓我們更有錢，但會讓心靈更富有。它不會帶來超能力，例如讓你飄浮在空中，但會讓你更輕鬆幽默。我們不會聽見他人內心的聲音，但會更了解自己心智的虛幻本質。

幾年之後，美國陷入九一一攻擊事件的混亂時，我打電話給一位良師益友，他同時也是我精神上的良伴。我問他對整個事件有何看法。

「有啊。」他回答。「我要去修剪草坪；草一直長。」

我們還是需要「修剪草坪」，處理生活的平常工作。但是，在人生的劇場裡，偶爾我們會發現自己高坐看台上欣賞整齣戲，而不是被鎖定在舞台上扮演某個角色。

從夢中醒來

丹．米爾曼長大成人的這些年來，一直在掙扎著要「成為重要人物」。這根本就是越活越回去嘛！……

這會兒我又在扮演丹．米爾曼了，我最好在永恆當中的這幾秒鐘裡，重新習慣這件事，直到這幾秒鐘也消逝為止。不過如今我已明白，我不光是一塊肉而已——這個祕密使一切都大大改觀了！

我無論如何都無法描述這項了解帶來的衝擊，我就只是清醒了。

我清醒著面對真實，不受任何意義或任何追尋的束縛，哪還有什麼可以追尋的呢？我的死亡讓蘇格拉底的一切話語活過來了，這就是一切的詭論所在，一切的幽默所在，是偉大的改變。所有的成就，所有的目標，都同樣的討喜，也同樣的多餘。

能量在我的體內運行，我幸福滿溢，爆出笑聲，發出這笑聲的，是一個莫名其妙就是感到快樂的人。

我拋下我的心智，進入心靈之中。大門終於敞開了，我大笑著，跌跌撞撞地穿過大門，因為就連這扇門也是個笑話。那是扇無門的門，又一個幻象，又一個影像……我終於看見呈現在眼前的一切，這條小徑將綿延下去，永無止境，不過現在，它一片光明。（《深夜加油站遇見蘇格拉底》258、259頁）

這是《深夜加油站遇見蘇格拉底》最後幾段摘錄之一。重新讀過之後，我又很想留白，不加任何評語，讓這一頁成爲開闊、充滿禪意的空間，因爲我想不出來還可以多寫什麼。

我當初苦思多時、不斷重寫，最後才表達出覺悟的眞正滋味。這個經驗並非發生於劇烈起伏的鋸齒狀山脈裡，但我確實經歷了多年的追尋，墜落與爬起、死亡與重生，才開啓了隨後的寫作過程。字字句句持續湧出，因爲我只有文字可以送給大家。

我早年深受拉姆・達斯啓發，此處再次引用他的一段話：「假如我是歌手，我會爲你唱首歌；假如我是藝術家，我會畫一幅畫給你。但是我只能提供文字。」如果我敘述這段經驗的文字可以觸動你心，讓你知道、記得和了解這段經驗，我實感欣慰。

有了這段經歷之後，我不再爲了自己而追尋，而是找尋新的方式，在適當的時地提供適當的影響力來服務他人。

個人開悟的影響力不過是落入大海的一滴雨。但由於雨滴與大海融爲一體，不分彼此，因此似乎值得用一生或幾世的時間去追尋集體的清醒。爲此，我繼續寫作與分享。

經驗的弔詭之處

「你會失去它的，你知道。」

「失去什麼？」

「你的靈視。靈視是少有的——只有經過一連串不大可能的條件組合，才有機會得到——但是它是一種經驗，因此你會失去它。」

「蘇格拉底，你說的大概是真的，可是誰在乎呀？」我笑著說，「我失去我的心智，而且似乎到處都找不到它了。」

他驚喜得揚起眉毛，「嗯，這樣看來，我對你做的工作已經完成了，我的債還完了。」

「哇！」我咧嘴而笑，「你是不是在說今天是我畢業的日子？」「不，丹，今天是我畢業的日子。」（《深夜加油站遇見蘇格拉底》259頁）

任何經驗終將成爲過往雲煙。整個領悟過程劇力萬鈞，深度和廣度銘心鏤骨，已成爲讓我回味的美好的記憶；其中展露的智慧可以反覆咀嚼，猶如一本令人一讀再讀的書。

有時候我會遺忘；然後想起；接著又遺忘。我有清醒的時刻，也有沉睡的時刻。我偶爾因爲不注意而犯錯，而當我自認知道世事應如何發展時，也會遇到氣惱的時刻。也許你也有同樣的情形。

一如既往，我們到後來才發現，彼此有許多共同點。我與你非常相似，因爲我「就是」你。你我風雨同舟。這不僅是充滿詩意的說法（甚至稱得上是錦囊佳句），也是眞理。由於我們處境相同，因此我得以觸及你的生命。由於不分彼此，因此你也觸動我的生命。到頭來，我們的故事合而爲一，而這一天就是所有人畢業的日子。

服務人群

「你以後會寫作，會教學，會過著普通的生活，學習如何在紛亂的世界中作個普通人，而且就某一個層面來說，你已經不屬於這個世界。做一個普通人，這樣就能對他人有所助益了。」（《深夜加油站遇見蘇格拉底》262頁）

我渴望分享，因而孕育了《深夜加油站遇見蘇格拉底》。在一開始的心血來潮鼓動之下，我將多年探索心智、現實和生命本質的心得集結起來。若說我展現了些許表達的天份，那都是從最初的熱情及隨後的生活經驗發展出來的。我決心爲他人而學習，因此我相信，我敞開心胸接受高深智慧，並被導引至其源頭時，我所得到的智慧，層次超過我爲自己而學所能獲得的。

時至今日，我已爲人師表，蘇格拉底當年的預言成眞。但我不穿道袍，也不在山頂打坐等學生。我走遍城鄉的大街小巷，像一陣清風吹拂芸芸衆生，留下呢喃細語。我並未與你分離，因爲事實上，我只不過是那個在你身內說話的心靈。

關於跋

風中的笑聲

萬物如幻影，本來即如此，無分善與惡，不受亦不拒，何不笑開懷。

——龍欽巴，藏傳佛教尊者

沉睡世界的醒鐘

我仍過著普通人的生活，履行普通人的責任。我必須自我調適，才能在這世上過有益的生活，這個世界討厭對追尋以及問題都不再有興趣的人。我學到了，一個莫名其妙感到快樂的人，足可令世人不快！（《深夜加油站遇見蘇格拉底》265頁）

人生如劇場。基於禮貌，無論我們是否眞有感受，收到禮物時，總會表達謝意；見到別人失落時，會表示哀傷。我們的行爲展現同理心和風度，我們會視處境扮演適當的角色。

人生需要僞裝。對某些人而言，僞裝是爲一己之私，目的在於得到某個東西；但對另一群人而言，僞裝出自善良的心，和對同伴的感受、處境的體貼考量。如果，在面對世間陽光與陰影的競逐時，我們已接近不爲所動的境界，那麼套句神話學者兼作家約瑟夫．坎伯（Joseph Campbell）的話，我們已學會「在世間的悲苦中，與喜悅同行」。在某些人眼中這話似乎冷漠無情，但我們有選擇餘地嗎？愁眉苦臉不能治癒世界。在此塵世，以喜悅之心度日才是有勇氣的行爲。

我已學會寬容與慈悲待人的智慧，無論我是否心有所感。我學會說「謝謝你」，無論我是否心生感激。同樣地，即使我們羞怯靦腆，也可以表現得老神在在；或是心裡害怕，卻表現得勇氣十足。

這裡又提到蘇老精通的另一個祕訣：無論我們是否覺得開悟，都能表現得已經開悟。這是聖人的表現，但和其他行爲一樣都是辦得到的。這種神聖的僞裝是多年經歷所教導我的，而這需要全力以赴。這是蘇老之道，也是和平勇士之道。

處處為師

我將回到我的妻子、我的家、我的朋友和我的未來，在回去以前，我環顧審視周遭的世界。蘇格拉底到過這裡，他無所不在。（《深夜加油站遇見蘇格拉底》269頁）

許多忠實讀者因爲生命中缺少蘇格拉底這樣的老師而悵然若失。他們不了解，我寫《深夜加油站遇見蘇格拉底》就是想大方地與讀者分享蘇格拉底。

我們都聽過這句話：「當學生準備就緒，老師就會出現。」《深夜加油站遇見蘇格拉底》結局蘊含的意義就是：當學生準備就緒時，老師就會無所不在。看看山岳、河流、更迭的四季和潮汐。它們全透露了生命的奧祕。但是，你有注意嗎？你是否敞開心胸去看見、感受，並且領悟當下此刻的至眞本性？

倘若如此，除了張開手臂、敞開心胸和迎接每一刹那之外，我們別無可爲。如果你尙未了悟這個簡單的眞理，請別放棄，行爲上表現出已經了悟的樣子，而在未來人生之路上，懂得善待自己。

評註的結語

當我們期盼陽光時給予雨水；
當我們預期紛擾時給予音樂；
當我們期盼早餐時給予淚水；
當我們預期風暴時給予夢想；
當我們期盼祝賀聲時給予流浪狗。
親愛的上帝，逗弄著我們，將我們推向一隅，隨後又見峰迴路轉。
——佚名祈禱文

就這樣，我們再次一遊《深夜加油站遇見蘇格拉底》。我曾是我的故事中唯一的主角，一個心不甘、情不願的青年，在蘇格拉底指導及引領之下，穿過陰影大地。但如今，我的老師已成為你的老師。

在繼續上演的人生故事中，我們每個人都是主角，而且仍有許多章節未完待續。無論你的故事如何發展，請張開你的雙眼，敞開你的心胸。我希望這些評註成為照亮道路的明燈。最後祝福你，在攀登山嶽的旅途上，一路豐收。

謝辭

每個人都在尋覓能幫助我們發揮潛能的人。

——愛默生

非常感謝以下在我的寫作圈子、支持團體和安全網中，「有常被我點名之嫌」的朋友們：克拉瑪出版公司（H J Kramer Inc.）的琳達・克拉瑪（Linda Kramer），感謝她興致勃勃地接下此書，並給了第一筆稿費；感謝「新世界文庫」（New World Library）內，負責總理雜務的既能幹又認眞的工作人員——蒙羅・馬格魯德（Munro Magruder）、喬琪雅・休斯（Georgia Hughes）、唐娜・皮爾絲・邁爾絲（Tona Pearce Myers）、瑪莉・安・凱斯勒（Mary Ann Casler）、莫妮克・穆倫坎普（Monique Muhlenkamp）及其他夥伴。

感謝南西・格林姆利・卡爾頓（Nancy Grimley Carleton）擔任主編；感謝

「新世界文庫」的傑生・嘉納（Jason Gardner）和克莉絲汀・凱許曼（Kristen Cashman）的眞知灼見與潤飾工夫。

特別感謝露比・葉（Ruby Yeh）小姐，她之前根據本書內容，製作標題爲《和平勇士的經驗》（*The Peaceful Warrior E-Xperience*）的多媒體電子書，至今仍然相當熱門。她幹勁十足、直白無隱，讓整個出版計畫得以進行。

一如既往，我要感謝摯愛的妻子喬依，感謝她持續扮演我的繆思女神、守護天使，帶給我智慧、支持和靈感。

我也要感謝「舊金山作家協會」（San Francisco Writers Conference）創始人麥可・拉森（Michael Larsen）和伊莉莎白・波瑪達（Elizabeth Pomada）。許多年前，他們的公司率先將《深夜加油站遇見蘇格拉底》的稿子送出。另外還要感謝第一位出版該書的傑瑞米・塔契（Jeremy Tarcher）。

最後謹向長期合作的出版商、高瞻遠矚的藝術家，同時也是我敬愛的朋友——霍爾・克拉瑪（Hal Kramer）致上最深的謝意。他的信心讓《深夜加油站遇見蘇格拉底》在一九八四年起死回生。霍爾，由於你的幫忙，很多人的生命因此改觀。

【附錄】
出書年表

沒有書本的屋子，猶如沒有窗戶的房間。

——何瑞斯・曼（Horace Mann，美國教育家）

我的第一部作品——《深夜加油站遇見蘇格拉底》描述了一名青年蛻變的心路歷程。年輕的故事主人翁原本過著平凡的生活，後來經過蛻變，體現了超凡靈視。他的故事引起許多讀者共鳴。

在寫作期間，有鑒於不少描述體能訓練的章節干擾故事進行，因此我將相關章節抽出不用。不久之後，我把那些章節集結起來，成了我第一部付梓的作品（一九七九年），內容是有關身、心、靈的訓練，名爲《完整的身體健康之道》（*Whole Body Fitness*），由於銷路不佳，最後悄悄地絕版了。

到了一九八〇年，第一本上市的書「魂歸西天」後，我的第二本書誕生了。

《深夜加油站遇見蘇格拉底》精裝本出版後，在幾家書店上架，但是它的命運與第一本書一樣，很快夭折了。然而在一九八四年，一名退休的出版業者——霍爾・克拉瑪讀過此書舊版後決定再次出版。因此《深夜加油站遇見蘇格拉底》重出江湖，從此平步青雲。

後來在一九八五年，有一家小型出版商重新出版我的體能訓練書，這次書名改爲《勇士運動員》（*The Warrior Athlete*）。一九九六年，這本書換了第三個書名——《運動禪學》（*The Inner Athlete*）。到了一九九九年，書名最後定爲《心靈的運動家》（*Body Mind Mastery*）。

在一九八〇年寫完《深夜加油站遇見蘇格拉底》之後，我有十年的時間未寫其他書，因爲沒有新的東西好寫（我希望這句實話能讓有些讀者覺得耳目一新）。但是隨後出現了新的際遇、旅行、導師和上師，我接著寫了《尋覓性靈之旅》（*My Search for Spirit*），提到這些親身經歷的故事。

一九九〇年，我寫了一部歷險記，書名爲《和平勇士的神聖之旅》。本書所提到的事件並非發生於《深夜加油站遇見蘇格拉底》之後，而是穿插其中。換句話說，兩本書都沒讀過的讀者，可能要先讀《深夜加油站遇見蘇格拉底》，讀到我的旅程開始時，接著讀《和平勇士的神聖之旅》，最後再把《深夜加油站遇見蘇格拉底》讀完。讀者不一定得按照這個順序閱讀，但是從時間排列來看，這方式最合理。

我並沒有寫其他書的計畫，但是許多看過「和平勇士」系列頭兩本書的讀者紛紛寫信表示：「你的頭兩本書啓發了我。但是如何將其中的領悟應用到日常生活？」爲了回應讀者需求，我寫了《不凡時刻》，闡明到此時爲止，我所學到的一切道理。本書名列非小說指南書系列之首，它和後繼作品提供完整的訓練課程，而整個課程所走的路線正是我所說的「和平勇士之道」——提供實用的智慧，教導讀者在日常生活的道場中修練、進化，保持平靜的心和勇士的精神。

如果你有意了解三個自我或七層脈輪（意識如何透過脈輪上升）的力與美，不妨閱讀《和平勇士的神聖之旅》。

如果你想進一步了解「和平勇士」一詞的意義或日常生活的試鍊，或想知道運途不順時該如何自處，請閱讀《不凡時刻》。本書也包含有關常見成癮現象的資訊以及控制方法，另外還提到勇於改變的意志及快樂的力量。

如果你的孩子還小，他們可能會喜歡我在一九九〇年代早期，當我的孩子仍沉浸於圖畫書的奇幻世界時所寫的兩部童書：《和平勇士的奧秘》（*Secret of the Peaceful Warrior*）與《尋找水晶城堡之旅》（*Quest for the Crystal Castle*）。兩本書的美麗插圖皆出自泰勒・布魯斯（T. Taylor Bruce）之手，書中提供許多有關勇氣與仁慈的正面教導。

如果你想釐清人生目的——你（以及父母、子女、朋友和親人）在人生之路上所遇到的核心問題、阻礙和具備的優勢，並且希望學習如何克服你天生的障礙，你將會對《生命數字全書》（*The Life You Were Born to Live*）有興趣。

若要了解可讓生活各個面向更豐富、更順利的十二道法則，你可以閱讀《心靈法則：使人生美好的簡單真理》（*The Laws of Spirit*），跟隨我與一位長生不老的女智者，一起漫步於山間小徑。

如果你準備面對性靈成長十二道關卡與解放注意力的挑戰，你可以在我最完整的指南書《平日的開悟》（*Everyday Enlightenment*）中，找到不錯的地圖。

如果你想進一步了解《深夜加油站遇見蘇格拉底》中蘇格拉底所提的門規，並有意實際應用時，你可以在《時時刻刻——生命法則 Q&A》（*Living on Purpose*）裡找到其中的二十四條宇宙法則及其應用的解說。本書堪稱我的作品中，最容易閱讀的書籍之一。

如果你喜歡閱讀有關改造人生的秘密與奇蹟的勵志故事，你可以在我與友人道格・柴爾德斯（Doug Childers）合寫的《神聖的干預》（*Divine Intervention*）中找到許多此類故事。

寫完《深夜加油站遇見蘇格拉底》後，過了二十年，爲了回答讀者對於蘇格拉底的問題——包括他是否有妻小、他的老師是何許人，以及什麼樣的經歷鍛鍊了他的精神、培養他的力量與智慧，我寫了一本關於他的人生的書《蘇格拉底之旅》。這是一本探討家庭價値和尋找救贖的書，描寫蘇格拉底如何從一個男孩變成一個男子漢、從一個男子漢變成勇士，以及成爲勇士後如何找到平靜。

最後在二〇〇六年《深夜加油站遇見蘇格拉底》電影在全美上映時，我撰寫本書《寫在深夜加油站之後——蘇格拉底如是說》的時機成熟了。我想透過此書闡明我第一本書的主旨。距離第一本書的寫作時間，已經過了四分之一個世紀。

我的下一本書將以《尋覓性靈之旅》（*My Search for Spirit*）作爲書名。這本完全紀實的作品將述說多年來，我撰寫一系列和平勇士書籍背後的故事。書中記載我與其他四位導師相處時所經歷的冒險故事，以及從他們身上所得到的教誨。

這四位導師幫助我塑造人生和事業——我的歷險過程反映了你我心中最深沉的渴望，以及對性靈的共同探求。

心靈工坊 PsyGarden
Harmony 008

寫在深夜加油站之後——蘇格拉底如是說

Wisdom of the Peaceful Warrior: A Companion to the Book That Changes Lives

作者—丹・米爾曼（Dan Millman）
譯者—黃喻麟

出版者—心靈工坊文化事業股份有限公司
發行人—王浩威　諮詢顧問召集人—余德慧
總編輯—王桂花　執行編輯—黃心宜
內文排版—龍虎電腦排版股份有限公司
通訊地址—10684 台北市大安區信義路四段 53 巷 8 號 2 樓
郵政劃撥—19546215　戶名—心靈工坊文化事業股份有限公司
電話—02）2702-9186　傳真—02）2702-9286
Email—service@psygarden.com.tw　網址—www.psygarden.com.tw

製版・印刷—彩峰造藝印像股份有限公司
總經銷—大和書報圖書股份有限公司
電話—02）8990-2588　傳真—02）2290-1658
通訊地址—248 台北縣五股工業區五工五路二號
初版一刷—2010 年 7 月　初版十刷—2020 年 8 月
ISBN—978-986-6782-86-2　定價—250 元

國家圖書館出版品預行編目資料

寫在深夜加油站之後：蘇格拉底如是說 / 丹・米爾曼（Dan Millman）／著.；黃喻麟譯.
-- 初版. -- 台北市：心靈工坊文化，2010.07
面；公分. --（Harmony；8）
譯自：Wisdom of the Peaceful Warrior: A Companion to the Book That Changes Lives
ISBN 978-986-6782-86-2（平裝）

1.靈修　2.人生哲學

192.1　99009941

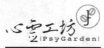

心靈工坊 PsyGarden 書香家族 讀友卡

感謝您購買心靈工坊的叢書，爲了加強對您的服務，請您詳塡本卡，
直接投入郵筒（免貼郵票）或傳眞，我們會珍視您的意見，
並提供您最新的活動訊息，共同以書會友，追求身心靈的創意與成長。

書系編號－HA008　書名－寫在深夜加油站之後——蘇格拉底如是說

姓名　是否已加入書香家族？ □是 □現在加入

電話 (O)　(H)　手機

E-mail　生日　年　月　日

地址 □□□

服務機構　職稱

您的性別－□1.女 □2.男 □3.其他

婚姻狀況－□1.未婚 □2.已婚 □3.離婚 □4.不婚 □5.同志 □6.喪偶 □7.分居

請問您如何得知這本書？

□1.書店 □2.報章雜誌 □3.廣播電視 □4.親友推介 □5.心靈工坊書訊
□6.廣告DM □7.心靈工坊網站 □8.其他網路媒體 □9.其他

您購買本書的方式？

□1.書店 □2.劃撥郵購 □3.團體訂購 □4.網路訂購 □5.其他

您對本書的意見？

□ 封面設計　1.須再改進 2.尚可 3.滿意 4.非常滿意
□ 版面編排　1.須再改進 2.尚可 3.滿意 4.非常滿意
□ 內容　1.須再改進 2.尚可 3.滿意 4.非常滿意
□ 文筆／翻譯　1.須再改進 2.尚可 3.滿意 4.非常滿意
□ 價格　1.須再改進 2.尚可 3.滿意 4.非常滿意

您對我們有何建議？

▲您的意見，我們將轉貼在心靈工坊網站上，www.psygarden.com.tw

廣　告　回　信
台北郵政登記證
台北廣字第1143號
免　貼　郵　票

心靈工坊 PsyGarden

10684台北市信義路四段53巷8號2樓

讀者服務組　收

免　貼　郵　票

（對折線）

加入心靈工坊書香家族會員
共享知識的盛宴，成長的喜悅

請寄回這張回函卡（免貼郵票），

您就成爲心靈工坊的書香家族會員，您將可以——

⊙隨時收到新書出版和活動訊息

⊙獲得各項回饋和優惠方案